Cindy, ¡tu libro es fantástico! A simple vista, ya es precioso y casi me puse a llorar al abrirlo y al comenzar a leer. Estoy muy impresionada. Me siento tan feliz de haber podido expresar el trabajo de mi padre de una manera tan perfecta…sin contar que, además, el libro emite muy buenas sensaciones.
   Julietta St. John

Cindy ha podido poner en palabras la cualidad tan sutil e impalpable de Metamorfosis. Algunos hemos podido sentir este componente tenue durante un tratamiento o nada más entrar en una habitación donde se practica Metamorfosis. Este libro es un recurso maravilloso, no solamente para entender la esencia de Metamorfosis, sino para experimentar su espíritu.
   Nancy Stetson, estudiante de Robert St. John durante más de 20 años.

He leído unos cuantos libros sobre metamorfosis y parecía bastante difícil abstracción, incluso si el tratamiento sí mismo es fácil. Uno de los libros parecía incluso artificial. Luego llegó a mis manos el libro de Cindy Silverlock "Metamorfosis, creando conciencia a través del tacto" y me ayude realmente a entender la filosofía. Cindy ha encontrado las palabras, y ha sido capaz de describir las cosas claramente y comprensible. Este libro fue inspirado me debido al aumento de la eficacia del tratamiento y sus efectos positivos. Cindy ha logrado escribir un libro excelente.
   Anne Kreivi, Finland

Solo quiero decirte, ¡qué fantástica eres! Cada vez que lo exploro, veo cuánto pusiste en cada frase.
   Dr. Shoshana Savyon,   Jerusalem, Israel

Por fin he encontrado un libro que me acerca a la esencia verdadera de Metamorfosis. Su libro me ha ayudado a encontrar y a poder dar una explicación tan clara de los principios de Metamorfosis, que me ha permitido renovar mi pasión por el trabajo. ¡Gracias!
   Petra van Noort, Nueva York.

Este libro es una exploración teórica de cómo funcionan realmente las cosas. Es muy difícil poder trasmitir la teoría en su aplicación, pero lo has hecho ¡maravillosamente!
   Mary Kopac, Carolina de Norte

Su libro es magnifico. Hace que los principios básicos sean muy accesibles. Es claro, bien organizado y fácil de usar.
    Michael Edan, Nueva York

No me esperaba un libro tan bueno, dado que Metamorfosis es un tema enormemente difícil de tratar por escrito. La información es accesible sin haber perdido la esencia ni el espíritu de Metamorfosis. De hecho, es una magnífica demostración del equilibrio de aferencia y eferencia. ¡Realmente me encantó!
    Angie Lyndon, Australia

Su libro es sorprendente en su claridad. Yo he estudiado de principio a fin cinco veces. Gracias por tu increíble aporte a mi vida!
    Ann Payne, Washington

Necesito sencillez, no demasiada información sólo un pensamiento que me lleva a mi propio entendimiento. Tu libro me ha dado eso.
    Brigitte Winkler, Grecia

Su "Introducción a la metamorfosis" está muy bien escrita; me da una buena y clara comprensión sobre estímulos y Efference y su dinámica. Después de leer tu libro, me sentí de alguna manera un cambio en mi conciencia interna. No se explicarlo pero ciertamente sentí esa sutil diferencia.
    Yen Yen, Maylasia

Me siento cambiado de alguna manera profunda mediante la lectura de este libro! Fue en mis sueños por la noche como dormí de remolinos. Me encanta la idea de pueblo ser auto-sanación y también me encantó la idea de igualdad en la metamorfosis de... que se siente tan bien para mí. Así que gracias por escribir el libro! Paz y amor,
    Michelle Sedgwick, Massachusetts

Elogios, cumplidos elogios. Muy bien escrito, muy claro, realmente lo disfruté. Gracias por respirar aire fresco a la Meta.
    Jean Magnus, Sudáfrica

Justo terminando el libro. Yo estoy completamente tocado por el material. Reunió una gran cantidad de las ideas para mí. Quiero dejar ir de las etiquetas que le damos a cada uno de nosotros en mi casa.
    Hagelskamp Patricia, Indiana

Metamorfosis

Metamorfosis
Creando Conciencia con el Tacto

Cindy Silverlock

KINI PUBLISHING
Santa Rosa, California, U.S.A

Metamorfosis, Creando Conciecia con el Tacto
Kini Publishing
713 Brentwood
Santa Rosa, California 95405

Derechos de Autor © 2010, Cindy Silverlock

Todos los derechos reservados
Ninguna parte de esta publicación , en el texto o ilustración , puede ser reproducida, fotocopiada, transmisión, transcripción o traducción a cualquier idioma, en cualquier forma o por cualquier medio , ya sea electrónico , manual o de otro tipo, sin el permiso escrito del autor , excepto en el caso de una breve cita encarnada en una reseña del libro publicada .

Fotografía de la Portada: Rob Kunkle – http://goodlux.com
Traduccion al espanol: Veronique Batter

Publicado por: Kini Publishing
ISBN# 978-0-9722897-1-9
Printed and published in the United States

Descargo de responsabilidad: La Metamorfosis Center y Cindy Silverlock declinan toda responsabilidad por los posibles efectos adversos que pudieran producirse como consecuencia de la aplicación de cualquiera de la información contenida en este libro. Metamorfosis no debe ser usado en lugar de la atención médica adecuada. Por favor, póngase en contacto con un médico o terapeuta si tiene alguna duda con respecto a su salud.

Expresiones de Gratitud

El tiempo que he pasado conversando con Robert St. John durante algunos años ha tenido un impacto considerable en cada aspecto de mi vida. Robert era Metamorfosis; su esencia estaba dentro de él.

Viviendo su trabajo, Robert me mostró que enseñar, significa presentar los principios básicos de Metamorfosis guiando a la gente hasta un lugar en donde puedan experimentarlos por si mismos. La humildad de Robert me enseñó que nadie es una autoridad ni en la sanación ni en la vida. Siempre potenciaba en los demás la fuerza y el libre pensamiento.

La inmensa habilidad de Robert para percibir los esquemas de la vida y también encontrar el humor en ellos, fue un regalo fantástico. No pretendía ser una persona ideal, lo que conllevaba una aceptación de nuestras limitaciones individuales o colectivas. Al mismo tiempo, creó un acercamiento simple de auto-sanación que permite convertirnos en lo que anhelamos ser.

Un agradecimiento de todo corazón a ti, Nancy Stetson, por leer ese libro en muchas fases de su revisión. El interés profundo de Nancy me ayudó a moverme por los desafíos diversos que experimenté durante el proceso de escritura. El afecto de Nancy por Metamorfosis y Robert era evidente.

Un agradecimiento especial a mi marido Dean, por ser una fuente infinita de apoyo. Reconocer patrones dentro de uno mismo, como dentro de una relación, es a la vez desafiante y excitante. Estoy agradecida por poder compartirlo con una pareja tan especial como él.

—Cindy Silverlock

Prólogo

De Nancy Stetson

Cuando conocí a Robert St. John en 1976, su manera de pensar era revolucionaria. Reconocer que el pensamiento crea la realidad e introducir el pensamiento en la creación de un sistema de sanación fue un gran alivio para mí. Es la mente la que crea y la mente la que sana, por lo tanto, modalidades de sanación diferentes que se fijan en los mismos aspectos de manera contradictoria, pueden ser iguales de eficaces. Robert siempre decía que los puntos reflejos que descubrió eran precisos, dentro de su mejor saber, pero al mismo tiempo fue su acto de creación lo que puso la estructura en pie, de tal forma que pudo funcionar. Es la intención del practicante la que aporta resultados y, la estructura de la terapia, los medios para poder consolidar esta intención.

En paralelo a esta revelación, la comprensión de que se puede acceder a un cierto periodo en el tiempo, incluso antes de la concepción, a través de la simple técnica, fue lo que Robert nos proporcionó. Descubrió que podía acceder a una línea en el tiempo a través de los puntos reflejos de la columna vertebral, de los pies, de la cabeza y de las manos. Metamorfosis abrió para mí un mundo entero lleno de nuevas posibilidades. En los siguientes veinte años pasé con Robert tanto tiempo como pude, mientras él continuaba sus investigaciones y desarrollaba su trabajo..

Cindy ha hecho un trabajo excelente a la hora de difundir los principios de Metamorfosis. No es fácil hacerlo por muchos motivos. Algunas personas quisieran convertir Metamorfosis en una técnica que puedan simplemente seguir. Sería contradictorio con la esencia de Metamorfosis. Otros, sin embargo, quisieran tener pruebas científicas. La actitud de Robert al respecto fue que era contra-productivo hacer pruebas con los individuos, etiquetarlos y buscar resultados específicos. Se negó a hacerlo, incluso si esto interfería en el reconocimiento de su trabajo. Pensaba que etiquetar a las personas les fija en esta condición puesto que el pensamiento es muy poderoso.

Solía decir que para saber lo que es verdad teníamos que mirar hacia fuera. El poder de una realidad común acordada es tan fuerte que es difícil que la gente confíe en si mismo. Incluso ahora, la ciencia ha llegado a los límites en su capacidad de establecer y definir la realidad de la materia. Cada vez se enfoca más en la influencia del pensamiento en los resultados de cualquier experiencia, sea psicológica o física. Robert siempre animaba a las personas a conectarse con su propia inteligencia innata. Metamorfosis trata realmente de un cambio hacía un punto de vista desde la conciencia y la creatividad.

Desde 1962, Robert ha visto ciertos cambios en la relación de aferencia (conciencia) y eferencia (acción). A pesar del dominio de la eferencia, lo que explica el desarrollo de la ciencia, ahora es el turno de la aferencia. Habrá bastante confusión, mientras los antiguos esquemas se resistan. No obstante, nos estamos moviendo hacia unos tiempos de conocimiento interno. Robert vio en Metamorfosis una manera de ayudar a las personas a realizar esta transición. Cuando hay un equilibrio entre la aferencia y la eferencia, la conciencia entra en acción de manera espontánea y sin ningún bloqueo. Por tanto, el objetivo de Metamorfosis es permanecer en el momento presente.

Leer este libro ha sido un placer para mí. Cindy ha podido poner en palabras la cualidad tan sutil e impalpable de Metamorfosis. Algunos hemos podido sentir este componente tenue en un tratamiento o nada más entrar una habitación donde se practica Metamorfosis. Este libro es un recurso maravilloso, no solamente para entender la esencia de Metamorfosis, sino para experimentar su espíritu.

Contenido

Agradecimientos. i

Prólogo iii

Apreciación. viii

IINTRODUCCIÓN 1

LA HISTORIA. 7

LOS PRINCIPIOS. 13

LA PRÁCTICA 80

Apéndice "El Humano Funcional", de Robert St. John . 132

Certificación de Metamorfosis. 134

Acerca del Autor. 135

Recursos 136

Apreciación

Robert St. John
1914 - 1996

Metamorfosis es mi pasión y es con enorme placer que comparto con vosotros este trabajo. La información presentada en este libro viene de mi comprensión basada en 18 años de práctica, enseñanza y contemplación de Metamorfosis.

Introducción

Metamorfosis es crear tu vida

Metamorfosis es un arte de auto-sanación y una filosofía de crear mayor consciencia interior. Usamos el concepto de puntos reflejos para indicar los bloqueos inconscientes que crean conflicto, enfermedad y desarmonía en nuestras vidas y en nuestra experiencia colectiva. Tal y como cambiamos nosotros, cambia también el mundo que nos rodea.

Al mismo tiempo que se liberan ciertos patrones, experimentamos mayor consciencia o una intuición fortalecida, mejor salud, relaciones verdaderas y menos conflictos en la vida. Metamorfosis es simple de usar, fácil de aprender y puede ser utilizado en tu vida cotidiana. Se puede trabajar con uno mismo, con otros y con animales.

Este libro está escrito como una guía de Metamorfosis. Mi intención es introducir los principios y la práctica de Metamorfosis, permitiéndote experimentar y descubrir su esencia por ti mismo. Espero poder inspirarte para que puedas entender Metamorfosis y empezar a practicarlo en tu propia casa. Es una sensación maravillosa, el saber que tienes la capacidad y los medios para aumentar tu conciencia intuitiva y mejorar tu calidad de vida así como la de tu familia. No se requiere ninguna experiencia previa para poder entender y practicar Metamorfosis. Una mente abierta y paciencia es lo único que necesitas.

Iré abordando los principios a lo largo del libro, invitándote a parar y pensar a medida que lees en lo que te esté diciendo. Repetiré también algunas ideas esenciales a lo largo del texto. Es muy probable que encuentres útil leer el libro varias veces, dejando que con el tiempo, la información entre en ti.

La esencia de Metamorfosis viene de sus principios. Aunque existe una práctica a través de la aplicación de manos, son sus principios lo más importante. Al medida que comiences a considerar los principios, así como la naturaleza de la creación, la sanación y la vida en general, tus perspectivas y posiblemente tu vida empezarán a cambiar.

Para practicar Metamorfosis lo único que necesitas es una comprensión de la esencia de su filosofía, o punto esencial, sin tener que preocuparte mucho de los detalles o de los datos. Aunque Metamorfosis es simple y fácil de practicar, no es lineal. Al principio, puede aparecer como un montón de conceptos abstractos y "muy lejanos".

El camino de observar la naturaleza de los esquemas y los pensamientos condicionantes en ti y en el mundo, hace que la filosofía pueda parecer por momentos un poco agobiante. En realidad es algo positivo, pues significa que estás comenzando a pensar realmente por ti mismo, tomando conciencia de que la realidad está basada en percepciones que, principalmente, están determinadas por tus esquemas de estrés más profundos. Mientras consideras los principios y la práctica del trabajo, la simplicidad de Metamorfosis se apreciará cada vez más.

Metamorfosis es un acercamiento intuitivo y no una técnica. A pesar de que Robert uso la palabra técnica en sus dos primeros libros, después dijo que la naturaleza de la palabra no era apropiada. Una técnica implica que tú sigues unos pasos marcados para hacer algo que puede ser repetido. En Metamorfosis se trata de sintonizar, conectarte y usar tu intuición, lo cual no puede ser repetido.

Considera la diferencia entre viajar con un tour operador, o viajar por tu propia cuenta. Hacer excursiones organizadas te lleva a sitios predeterminados donde te guían y puedes hacer visitas con un límite de tiempo y con un horario establecido. Posiblemente te ira bien y disfrutarás de la experiencia.

Pero viajar sin planificación requiere que te apoyes y pienses por ti mismo. Tienes que tomar el tiempo para conocer el país, la ciudad o el territorio que estás visitando. Quizás, necesites preguntar dónde se sitúan los sitios que quieres visitar o, tal vez, los encuentres por casualidad, lo que resultará todavía más excitante. La diferencia es que llegarás a conocer realmente la esencia del lugar donde estás viajando. La experiencia se hace parte de ti, en lugar de ser un bonito tour guiado por varios lugares turísticos.

Con Metamorfosis, eres el guía de tu propio viaje. Tienes que tomar el tiempo para aprender a conocer los principios, de tal forma que podrás conocer al trabajo desde dentro. De esta manera, Metamorfosis se vuelve parte de quien eres. Cuando tratas a alguien, aportas este conocimiento interior al tratamiento en lugar de practicar una técnica. Esto es la profundidad del trabajo.

La Metamorfosis está "viva", lo que significa que se pierde algo cuando intentas explicarlo. Las palabras ayudan a comunicar esta filosofía sutil pero, al mismo tiempo, también la entorpecen. Recuerda que Metamorfosis no es un tratamiento, no estás tratando ni a una persona ni un síntoma (algunas personas usan la palabra sesión en lugar de tratamiento). La palabra trabajo o trabajar tampoco es exacto porque se refiere a algo con esfuerzo. Palabras como niveles, cambio y proceso tienen tendencia a delinear un concepto, pero aun así, tampoco son realmente correctas. ¿Te haces una idea?

Recuerda durante tu lectura que la palabra sanación, utilizada a lo largo del libro, significa crear conciencia y al mismo tiempo, tener un acercamiento hacia la vida más saludable y armonioso. De esa manera, paramos de crear enfermedades, desarmonía y conflicto. Es importante reconocer la distinción entre parar de crear y curar. Tratamos patrones subyacentes de estrés y, como consecuencia, paramos de crear reacciones estresadas frente a la vida. Es diferente a tratar síntomas y curar. Esto es realmente importante para entender el tema de Metamorfosis en su globalidad.

Metamorfosis introduce algunas ideas únicas y te invitará a reconsiderar pensamientos existentes sobre la creación, la vida, las relaciones y la sanación. Considerar nuevas posibilidades puede desafiar paradigmas actuales y creencias individuales, que a su vez suelen desafiar tu sentido de la realidad y/o de identidad. Cuando tratemos un concepto que parezca difícil de creer o desafiante, es útil recoger la idea, en lugar de buscar la idea correcta, lo que implicaría que todas las demás son incorrectas.

Puedes considerar interesante y clarificante ver como tus creencias personales han moldeado tu realidad. Toma nota de cómo cambian tus percepciones en el momento que liberas tus esquemas de estrés profundos.

Con la intención de comprender mejor Metamorfosis, le gente a menudo intenta compararla a otros acercamientos que les son familiares. Aunque Metamorfosis puede parecer familiar a otras técnicas, al examinarlo más de cerca, normalmente no lo parece. Es útil si contrastas Metamorfosis con otros acercamientos, en lugar de compararlos. En otras palabras, es más útil notar las diferencias que las similitudes.

Si decides que este punto de vista es interesante, que resuena contigo o que hace que tu vida sea más fácil, te animo a observar los principios en tu vida cotidiana.

Por favor, ten presente que en este libro explico los principios antes que la práctica. Los principios generan la intención para la práctica. La segunda mitad del libro te enseña la práctica del trabajo: a trabajar con los pies, con las manos, con la cabeza y con la columna vertebral, al mismo tiempo, que a trabajar con los símbolos de manos.

Recuerda a medida que leas, que es más importante conectarse con la esencia del trabajo que recordar todos los datos.

La Historia

Tal y como cambiamos, cambia el mundo que nos rodea

Denominada al principio, Terapia Prenatal, este trabajo evolucionó en lo que conocemos hoy como Metamorfosis. Robert St. John comenzó a crear este trabajo en Inglaterra a finales de los años 50. Utilizo aquí la palabra crear, en lugar de fundar, porque pienso que el trabajo surgió de su impresionante creatividad.

Ciertas personas habían tenido intuiciones similares en relación a la dinámica y a los dilemas humanos, pero pocas habían desarrollado una salida para ellos. Robert no solamente encontró la salida, sino que creó un acercamiento simple y práctico que cualquiera pueda aprender y utilizar en su vida cotidiana.

Para desarrollar su propio trabajo, Robert se inspiró en varios aspectos que observó en sus prácticas con artes de sanación. Mientras trabajaba con Medicina Neuropática, Robert concluyó que el foco de la mayoría de los acercamientos en el campo de la sanación era curar síntomas. Mientras que los síntomas desaparecían normalmente después del tratamiento, en muchas ocasiones, volvían a aparecer o se experimentaban otros nuevos, porque los patrones de estrés que existían debajo y que los causaban no habían sido considerados.

El concepto de Reflexología fue una inspiración para Robert. Para aquellos de vosotros que no estáis familiarizados con la Reflexología, éste es un sistema de trabajo con puntos reflejos en los pies, manos y, a veces, en las orejas, que se corresponden con un mapa del cuerpo físico.

Robert percibió que dentro de la Reflexología existían varios mapas de los pies, cada uno un poco diferente del otro, y que sin embargo, todos funcionaban. Esta observación le hizo pensar que quizás los puntos reflejos podían actuar como símbolos de la intención que recibían. Consecuencia de ello, la utilización de los puntos reflejos se convirtió en la base del desarrollo de la práctica de Metamorfosis.

Mientras trabajaba con el Método de Ojos Bates, Robert descubrió los principios que más tarde los denominaría como aferencia y eferencia. Fue la observación de que la actitud primordial de la gente hacia la vida, se reflejaba en el sentido de la vista. La forma del glóbulo ocular y la calidad de la visión expresan una actitud crónica y compulsiva de la mente. Los que tienen tendencia a retirarse de la vida, muchas veces desarrollan problemas de vista como presbicia o hipermetropía, dando lugar a que el globo ocular se sitúe ligeramente hacia adentro. Es lo que él denominó aferente. Los que tenían tendencia a ir hacia adelante en la vida, muchas veces desarrollaban miopía dando lugar a que el globo ocular se sitúe ligeramente hacia fuera. Robert lo denominó eferente. Estas observaciones se convirtieron en base de la filosofía de Metamorfosis.

Considerando la historia de la humanidad, Robert notó que los principales patrones de la humanidad, realmente nunca cambiaron. Enfermedad, desarmonía, conflicto y guerra siempre han sido parte de la existencia. Se dio cuenta de que estos primeros patrones de estrés han continuado en la humanidad porque no han sido trabajados en sus orígenes. A lo largo del tiempo, principalmente nos hemos focalizado en los síntomas, en lugar de mirar las causas que hay detrás de dichos síntomas.

Observando los principios de la vida, Robert concluyó que la causa de todos los síntomas de enfermedad y desarmonía tenían su raíz en lo que llamó la separación de la aferencia y la eferencia. Esta separación provoca que la unidad se convierta en dualidad.

El fenómeno cósmico observado como la separación de la aferencia y la eferencia, es lo que dio lugar a la creación del tiempo, del espacio, de nuestro universo y de toda vida en la tierra. La separación fue el origen de las tensiones de la humanidad, convirtiéndose en el patrón de estrés inicial para la humanidad y la fuente primaria detrás de todos nuestros dilemas personales y globales. Los patrones de estrés negativos se mantienen vivos porque se transmiten a través de esquemas genéticos y kármicos. Esto significa que el estrés puede moverse a lo largo del tiempo y continuar influenciando a cada generación. Dichos esquemas se vuelven parte de nuestra constitución celular en el momento de la concepción. Estamos influenciados por estos patrones tanto en la concepción y a lo largo de nuestro desarrollo prenatal, así como en el resto de nuestra vida. La calidad de nuestra salud y cada aspecto de nuestra existencia están influenciados por estos esquemas.

Robert utilizó el término aferencia y eferencia como analogías o símbolos para explicar la dinámica de la vida en este planeta. Lo que hizo con su observación es crear una única perspectiva sobre la creación y la sanación.

A medida que Robert hacía estas observaciones, la práctica de Metamorfosis empezó a revelársele. Cuando practicaba Reflexología, comenzó a notar que al trabajar en los talones de las personas, a menudo hablaban de problemas con sus madres. Observó este patrón y se preguntaba dónde quedaría representado el padre en el pie.

Un mañana mientras estaba en su bañera, lugar donde a menudo recibía inspiración, descubrió el patrón prenatal en relación con el pie. Si el talón representaba el precepto de la madre, nacimiento, entonces era lógico pensar que la concepción representaría el precepto del padre, dado que es en ese instante en el que se introduce su influencia. Entonces comprendió que el punto de la concepción se correspondía con la zona del dedo pulgar del pie.

En este momento llegó a la conclusión de que los puntos reflejos en la columna vertebral representaban el periodo de tiempo entre la concepción y el nacimiento. Robert tuvo la gran visión de cómo tratar los problemas individuales y colectivos a los que está sometida la humanidad y toda forma de vida.

Al comprender que los puntos reflejos actúan como símbolos para comunicar una cierta intención, y al reconocer que la columna vertebral es el punto central del cuerpo, Robert empezó a trabajar en el pie desde une perspectiva diferente que con la Reflexología. Comenzó a considerar el primer desequilibrio de la humanidad en toda su globalidad. Sus observaciones, en lo que denominó aferencia y eferencia, se convirtieron en la base de su acercamiento. Al medida que su perspectiva cambiaba, sus clientes empezaron a cambiar en todos los niveles y no solamente en el físico. Fue el comienzo de Metamorfosis.

A pesar de la naturaleza grandiosa de la filosofía, Metamorfosis no dejo de ser un acercamiento simple y práctico para tratar patrones de estrés subyacentes. Su profundidad se debe a que no se usa el intelecto. A través de los puntos reflejos, comunicamos directamente la intención de Metamorfosis a la inteligencia celular de de nuestra mente inconsciente -fuerza de vida-. La mente inconsciente se comunica con símbolos, y es por ello, que responde a esta práctica no-verbal.

Metamorfosis reconoce que somos auto-sanadores. También reconoce que el primer principio de la sanación es la intención. El alcance de la intención es la clave, puesto que si tu intención es de curarte a nivel físico, así será el resultado. Si tu intención es de curar la raíz de las tensiones primarias de la humanidad, así será el resultado. Estamos limitados por el alcance de nuestra intención y por lo que creemos que pueda pasar. A nivel colectivo, estamos condicionados aL creer que necesitamos entregarnos a unos expertos para nuestro bienestar. A menudo, no concebimos que seamos capaces de cambios extraordinarios por nosotros mismos.

Robert hizo un trabajo maravilloso al recordarnos que somos nuestros propios sanadores, y que cuando nos entregamos a esta perspectiva, nuestro cuerpo y nuestra mente son capaces de cambios espectaculares - ¡Una Metamorfosis real!

Los Principios

*Metamorfosis significa transmutación hacia
una sustancia más refinada*

Los principios de Metamorfosis son la esencia del trabajo. La práctica de Metamorfosis no define el trabajo; ofrece una manera de impartir sus principios.

Robert me explicó un día que necesitaba mirar el concepto de Metamorfosis en detalle para crear los símbolos que pudiéramos usar. Dijo que "puso el trabajo en el universo", por decirlo de alguna forma, para que pudiéramos trabajar con ello sin necesidad de entender intelectualmente la totalidad del concepto

Robert también dijo que la información es un esbozo que te da la base para el trabajo. Una vez que integras los principios esenciales, los datos ya no son necesarios. El concepto se vuelve inherente en tu decisión de practicar Metamorfosis.

Los preceptos esenciales de Metamorfosis son la aferencia, la eferencia, y el esquema prenatal. El tema de aferencia y eferencia explica el porqué la humanidad tiene sus dilemas y ofrece una perspectiva nueva en las dinámicas de vida, salud y relaciones. El esquema prenatal ofrece una manera de hacer algo con dichos dilemas.

Es útil saber que no necesitas entender completamente los principios para practicar Metamorfosis. La idea no es estudiar el concepto sino experimentarlo. Estar consciente de los principios los "activan", de cierta forma. Metamorfosis es un concepto vivo en el que entramos naturalmente cada vez que practicamos el trabajo, de la misma forma que cuando leemos, hablamos o pensamos en ello. Recuerda mientras lees que Metamorfosis no es lineal. La información se juntará y se entrelazará, creando una trama en lugar de un grupo de principios.

AFERENCIA Y EFERENCIA

Dado que el principio de aferencia y de eferencia es uno de los principios más importantes de Metamorfosis, empezaré con una explicación breve de lo que significan. Al final de esa sección, entraré en más detalle en el cómo sus dinámicas afectan nuestra vida cotidiana.

Recuerda que mientras todos los preceptos trabajan juntos, el concepto de aferencia y eferencia lo une todo. Aunque a veces parezcan ser conceptos impalpables, sus significados empezarán a encajar.

Robert observó que la dinámica de la existencia en ese planeta está basada en lo que el nombró aferencia y eferencia. Sus interacciones dinámicas afectan nuestra salud, nuestras personalidades y relaciones y nuestro bienestar en su totalidad, al mismo tiempo que influencian nuestras percepciones de la vida, la creación, la religión y la sanación.

El término aferencia define los principios de conciencia y de presencia, y el término eferencia define los principios de acción y respuesta. Juntos determinan la dinámica de cada interacción interior, interpersonal y global, creando la vida tal como la conocemos. La aferencia es la vida en si, y la eferencia cobija esa vida. Eferencia es el cuerpo y el cerebro. La mente es la función dual de aferencia y eferencia.

La aferencia y eferencia operan siempre juntas de una manera positiva o negativa. Como el baile, a veces fluye y produce sensaciones maravillosas y, otras, uno se siente incómodo o inadecuado.

Aferencia y eferencia son nombres latinos que muestran respectivamente el movimiento hacia el interior y hacia el exterior. En Metamorfosis, definen las dos primeras actitudes de la mente, destacando la naturaleza compulsiva de retraerse de la vida o de entregarse a la vida.

La gente intenta a menudo asemejar la aferencia a la introversión o el yin, y la eferencia a la extraversión o el yang. Aunque hay similitudes, el contexto general es diferente. Relacionar aferencia y eferencia a otra teoría, nos acerca a otra escuela de pensamiento, y que nos lleva, en la mayoría de los casos, hacia una dirección contraria al concepto de Metamorfosis.

BLOQUEOS

Funcionaremos desde nuestros bloqueos de manera compulsiva e inconsciente hasta que éstos desaparezcan. La práctica de Metamorfosis permite dejar partir dichos bloqueos.

Los bloqueos son estrés inconsciente que frena o impide el flujo natural de nuestra fuerza de vida. Cuando el flujo está interrumpido, reaccionamos frente a la vida creando disturbio y desarmonía en cada nivel de nuestro funcionamiento. Cuando existe un equilibro razonable entre la aferencia y la eferencia, respondemos a la vida, es decir, interactuamos de manera armoniosa con ésta y con todos los seres vivos.

Una reacción es una interacción estresada con la vida y se expresa con enfermedad, condicionamientos, heridas, desarmonía y conflicto. Pueden ser experimentados a nivel individual o colectivo.

Cuando nuestra fuerza de vida encuentra un bloqueo, se expresa automáticamente en forma de estrés. Usamos la palabra compulsión porque esta dinámica ocurre sin que sea una elección. A veces, somos conscientes de los bloqueos que crean nuestras dificultades. En otras ocasiones, no percibimos que los problemas en nuestra vida provienen del interior.

Robert se refería a los bloqueos de naturaleza aferente como bloqueos kármicos, es decir, que vienen del pasado, y están vivos en el reino del pensamiento. (La palabra karma no tiene que ser confundida con el uso hindú de dicha palabra). Se expresan en relación con la cabeza con tensión mental, desequilibrio o enfermedad.

Los bloqueos eferentes son genéticos y se transmiten a través de los genes maternos y paternos, retratando el camino hacia el principio de nuestro linaje. Se expresan físicamente, emocionalmente y a nivel del comportamiento.

Cuando estás en equilibrio, vives en el momento presente. En ocasiones, tienes una idea de este estado equilibrado cuando estás entregado completamente a algo que te gusta. Son momentos en los que todo se acopla de manera perfecta y sin esfuerzo, estás completamente en el instante.

PATRONES

A menudo, nos referimos a ellos como patrones o esquemas subyacentes o patrones de estrés, y usamos este término para explicar la naturaleza y la expresión de un bloqueo. Los patrones pueden ser expresados en un nivel físico, mental, emocional, de comportamiento y espiritual.

La gente experimenta patrones físicos de dolor, incomodidad, herida y enfermedad. Algunos tienen emociones que experimentan regularmente. Esta emoción es compulsiva y, con frecuencia, la persona se siente fuera de control e incapaz de responder de una manera positiva o deseada. Pueden sentirse enfadados, frustrados, celosos, inseguros o deprimidos. Los patrones mentales se expresan con enfermedades mentales, inquietudes excesivas, ansiedad y dolores de cabeza. A veces, la sensación es como si la mente no pudiera callarse, manteniéndoles despiertos toda la noche.

Los niños expresan a menudo un comportamiento compulsivo que surge de un estrés interno. Encuentro fascinante observar a los niños porque se puede ver con frecuencia ciertos patrones de comportamientos en sus expresiones faciales. No están entrenados para esconder sus esquemas como la mayor parte de los adultos, por lo que sus patrones a menudo son más aparentes.

Los esquemas espirituales se experimentan frecuentemente con un sentirse desconectado a algún propósito en la vida. Estamos conectados de forma natural hacia una mayor conciencia pero no siempre nos damos cuenta de ello, puesto que nuestros bloqueos crean una sensación de aislamiento o de separación de la fuente.

La adicción es un patrón que utiliza algo de afuera de uno mismo para poder manejar una tensión interna. Algunos patrones se expresan a través de actitudes como la pobreza, la supervivencia, la lucha o el conflicto. La vida de mucha gente está llena de patrones de drama y de caos. Cada uno de nosotros tenemos patrones predominantes a partir de los cuales funcionamos de manera compulsiva y repetitiva. Estos patrones tienen tendencia, a nivel individual y colectivo, a definir nuestras vidas de forma sutil y significativa.

Sin juicios, comienza a observar los patrones que maniobran dentro de ti y en los demás. Habitualmente, puedes ver con más facilidad los patrones en los demás que en ti mismo. Podrás darte cuenta que lo que pensaste que era una característica de tu personalidad es en realidad un patrón. También puede ser que empieces a sentir más compasión por ti mismo y por otros a medida que notes la naturaleza compulsiva de tus propios esquemas. Mejor todavía, puedes darte cuenta que puedes cambiar estos esquemas.

Cuando estás en un patrón, no hay otras opciones. El esquema compulsivo se activa automáticamente. Algunas personas se refieren a esto como "apretar el botón". Nosotros lo llamamos tener tus esquemas estimulados.

A medida que te liberas de los bloqueos que crean estos patrones, te vuelves menos compulsivo y reactivo. Puedes empezar a crear tu vida en lugar de que tu vida sea creada por ellos.

Con frecuencia, sentimos la necesidad de analizar nuestros patrones para entenderlos y cambiarlos. La práctica de Metamorfosis trata el origen principal de nuestros patrones: la tensión de desequilibrio entre la aferencia y la eferencia. Esto permite cambiar, sin analizar.

SINTONIZAR

Sintonizar significa simplemente prestar atención con una conciencia intuitiva o interna. Cuando se practica Metamorfosis, nos conectamos a un punto reflejo sin diagnóstico ni interpretación. La Metamorfosis no es ni verbal ni directiva.

Como practicante, eres simplemente un catalizador. Prestar atención a un punto reflejo, con una intención inherente de Metamorfosis, permite lograr una respuesta desde la inteligencia innata de la persona que recibe el tratamiento. La conciencia esta "llevada" hacia los patrones internos inconscientes, creando cambios a nivel celular.

Sintonizar es simplemente estar presente con la otra persona y permitir que pueda ocurrir la sanación o el cambio. Es lo contrario a intentar dirigir o conseguir un cambio o una sanación. (Recuerda que uso el término de sanación desde el sentido de crear un acercamiento hacia una vida más saludable y armoniosa).

Sintonizar es una capacidad natural, simplemente, algunos están más conscientes de ello. Todos lo hemos experimentado en alguna ocasión cuando entramos en una habitación y sabemos que ocurrió una discusión, o percibimos la tensión que hay en el ambiente. Sintonizarse con un punto reflejo es algo similar. Cuando practicamos Metamorfosis, nos volvemos conscientes de las tensiones profundas que hay en la persona. Como en la discusión, no sabemos de que se trata exactamente, pero percibimos la tensión.

Puedes aplicar el concepto de sintonizar en tu vida diaria. Sintonízate con la naturaleza de los patrones actuándola dentro de cualquier interacción personal o social. Esta es la manera con la que empezarás a ver la relación de aferencia y eferencia en todo lo que te rodea.

Sintonizar regularmente afina tu intuición. Comenzarás a descubrir cosas porque estarás sintonizándote con los patrones que operan en tu entorno. La conciencia psíquica natural ocurre sin tener que intentarlo; es el resultado natural de la liberación de tus bloqueos.

IDENTIFICACIÓN

Identificación significa relacionarse con o identificarse con. Todos podemos recordar un momento en el cual, viendo una película o leyendo un libro, nos hemos emotivos. La sensación emocional desaparece rápidamente, una vez que dejamos de identificarnos con la historia o el personaje.

Al practicar Metamorfosis, podemos sentir la naturaleza de un bloqueo, como por ejemplo, calor, frío o cansancio, porque nos estamos identificando con él. Es útil constatar cualquier tendencia a sobre-identificarse o sub-identificarse con los esquemas de la persona. Cuando nos sobre-identificamos, podemos sentirnos afectados por la condición del otro. Cuando nos sub-identificamos nos quedamos totalmente desligados. La habilidad de sintonizar se ha perdido y hace que estemos trabajando desde otra técnica.

Sintonizar es esencial para saber dónde y cuánto tiempo trabajar. Cuando tienes un equilibrio razonable de aferencia y eferencia, la habilidad de sintonizar y de identificarse es natural y no conlleva ni sobre ni sub-identificación.

Tenemos también la tendencia a identificarnos con nuestros propios patrones, tales como una enfermedad u otra condición. Las personas suelen decir "estoy" o "tengo" esto o lo otro. Robert tenía un familiar que parecía tener síntomas del Síndrome de Down en su nacimiento. En lugar de etiquetarle así, practicaron Metamorfosis y se desarrolló como una niña sin ningún síntoma de Síndrome de Down. El pensamiento de Robert era que es mejor no catalogar a alguien con una enfermedad o una condición, para no identificarla con ese patrón.

Déjame compartir una historia en relación a mi marido Dean. Aunque la situación era más ligera, la identificación con un patrón era evidente. Hace varios años Dean comenzó a experimentar problemas en sus tobillos. En ese momento, no estaba interesado en Metamorfosis así que yo elegí observar su situación. Un quiropráctico le dijo que tenía tendinitis, algo que tendría para el resto de su vida. Enseñaron a Dean a hacer ejercicios de estiramiento cada noche y a poner hielo regularmente en el ligamento. Comenzó a sentarse en el sofá de forma rutinaria con una bolsa de hielo y hacer sus estiramientos cada noche.

Fue interesante observar que Dean experimentaba un empeoramiento impresionante. Dada su pasión por el golf, presentía que esto le impediría seguir con este deporte. Cuanto más se identificaba con su condición, más perdía su motivación por la vida y terminó entrando en un estado depresivo.

Finalmente, Dean pidió tratamientos de Metamorfosis. En poco tiempo, dejo de usar la bolsa de hielo. No fue una elección conciente; era como si se hubiera olvidado de sus tobillos. El problema desapareció simplemente, y fue una transición tan suave, que ni siquiera se dio cuenta.

La historia de Dean es un ejemplo perfecto de lo que puede ocurrir cuando comenzamos a identificarnos con un síntoma o con una situación y nos muestra también la facilidad con la cual podemos ir más allá del síntoma cuando decidimos tratar el patrón subyacente.

MOTIVACIÓN

La motivación es un elemento fundamental en cada pensamiento y acción.

La motivación es un aspecto importante de Metamorfosis. Sin juzgarte, observa tu motivación cuando practicas Metamorfosis con otros. Cuando das un tratamiento, ¿tienes tendencia a tomar el rol de sanador? ¿Quieres que la gente te mire como tal? ¿Necesitas que las personas cambien, como un familiar o tu pareja? ¿Estas poniendo tus propias necesidades dentro del tratamiento esperando ser reconocido como sanador, o deseando que tu cliente vuelva o te recomienda a alguien? Ciertamente, todos experimentamos este tipo de pensamientos de vez en cuando, pero ¿son tus principales motivos? Si fuera el caso, sería conveniente que trabajaras contigo mismo.

Igual que con todos los principios de Metamorfosis, puedes aplicar el concepto de la motivación en tu vida cotidiana. Date cuenta de los motivos subyacentes operando dentro de ti y de los demás, a lo largo del día. Ocurre a menudo que nuestros actos no son apropiados debido a los patrones subyacentes, a pesar de que el motivo o la intención sean buenos. A veces, los actos de una persona son adecuados pero la motivación es servirse a si mismo, como motivación ulterior. Frecuentemente, lo que motiva a una persona, es más significativo que sus propias acciones.

He descubierto que al trabajar con gente me ayudaba considerar su naturaleza general en lugar de los aspectos negativos de sus patrones. La gente tiene tendencia a interesarse por lo que es bueno para el colectivo, o por lo que es bueno para uno mismo. Evidentemente, la naturaleza general de alguien puede cambiar a medida que entran en un mayor equilibrio.

INTENCIÓN

La intención es lo esencial en la sanación. Es realmente lo más importante porque comunica de manera no verbal tu meta principal y determina el resultado del tratamiento. Una intención es difusa salvo que la definas. El objetivo de ese libro es de clarificar la intención de Metamorfosis. La intención se vuelve parte de tu decisión de dar un tratamiento de Metamorfosis. Pero no necesitas pensar sobre los principios ni sobre esta intención antes o durante el tratamiento.

Considera el alcance de la intención. ¿A dónde te guía la intención: a un síntoma, a un periodo de tiempo, o al patrón subyacente detrás del síntoma o del trauma? El alcance de tu intención determina el alcance del resultado. Esto en realidad, es mi forma personal de explicar lo que Robert decía, pues encuentro más fácil de transmitir la idea con estas palabras.

Robert veía que cuando la intención era curar un síntoma, el síntoma a menudo desaparecía. Pero, como los patrones subyacentes no se habían considerado, el síntoma reaparecía u otros nuevos surgían. La persona se encontraba entonces en un ciclo continuo de tratamiento de síntomas.

A lo largo de la historia, el deseo de sanar síntomas ha dado lugar a una formación de técnicas de sanación, la mayoría limitadas en el alcance de sus intenciones. Algunas modalidades tratan síntomas físicos, otras mentales, emocionales o de comportamiento. Algunas intentan incorporar en tratamiento de todos los síntomas de la persona en su globalidad, pero el foco siguen siendo los síntomas. Esto hace que la sanación se vuelva bastante complicada y requiera una jerarquía de expertos.

Considera cual es el alcance de tu intención en términos de tiempo. ¿Estás mirando atrás hacia la infancia, al nacimiento, a la concepción o vidas pasadas? El alcance de la intención en Metamorfosis regresa hacia el origen del estrés de la humanidad, la separación de aferencia y eferencia, y que ha dado como resultado la creación del tiempo y de todas las disfunciones contra las cuales lucha la humanidad. Focalizarse en un evento específico en el tiempo es un acercamiento sintomático. En Metamorfosis, nos interesan más los patrones subyacentes del pasado que continúan provocando disfunciones en el presente. Miramos la influencia y los efectos negativos del tiempo.

En el momento en el que sueltas las influencias negativas del pasado, ya no necesitas ni volver, ni recordar, ni entender el antiguo estrés o trauma. Focalizarse en el estrés del pasado, en realidad contribuye a que éste pueda liberarse. Por el contrario, cuanto más te centras en un patrón o en un problema, menos espacio dejas para que se libere.

Para aquellos de vosotros que queréis entender el por qué y el cómo de las cosas, intentad soltarlos y dejaros llevar por vuestra intuición. Es un proceso natural y no requiere esfuerzo por tu parte. El permitir, en lugar de hacer, es de lo que trata Metamorfosis.

UTILIZAR ESTRUCTURA

Es interesante hablar del hecho de utilizar una estructura dado que ésta, posiblemente, nos afecte en alguna forma que no podamos percibir.

Es importante tener presente que la práctica de Metamorfosis es simplemente una estructura que ofrece los medios necesarios para poder impartir el concepto en su globalidad. Si te das cuenta de cómo se utilizan las estructuras dentro de cualquier arte de la sanación y en el entorno, cambiarás radicalmente tu perspectiva, y percibirás fácilmente la naturaleza del mundo que te rodea.

La Metamorfosis utiliza la estructura del esquema prenatal, que explicaré más adelante, y el tema de la aferencia y la eferencia. El tema de aferencia y eferencia ofrece una perspectiva sobre la creación, el origen de los patrones de estrés de la humanidad y las dinámicas en las relaciones. El uso de los puntos reflejos y el esquema prenatal ofrecen una estructura para acceder a esos patrones.

La reducción de estructura en la práctica de Metamorfosis ocurre naturalmente a medida que nos acercamos a más equilibrio de aferencia y eferencia. Practicando desde el equilibrio entre la aferencia y la eferencia, utilizarás de manera natural una cantidad inferior de organización en el trabajo. Recuerda esto mientras lees este libro, observando los diferentes niveles de estructura en la práctica de Metamorfosis. A medida que Robert se implicaba en los principios de Metamorfosis, su acercamiento se volvía más fino y más abstracto. Su idea era que cuanto más abstracta es la práctica, más profundo es el nivel de transformación.

Considera el uso de estructura en una escala más amplia. Una eferencia negativa se expande de manera compulsiva y añade estructura innecesaria. Observa cualquier gran empresa o entidad de gobierno; su interminable estructura, frecuentemente minimiza su eficacia y, en realidad, impide servir a su propósito. Es fácil ver la falta de conciencia (aferencia) en esas estructuras.

Reflexiona ahora sobre el tipo de estructura que existe en general en el ámbito de las artes de sanación. La parte principal del trabajo ha podido surgir desde un simple acercamiento, como la Metamorfosis, con una fuerte esencia central del trabajo. Con el tiempo, a medida que se involucra más gente orientada hacia la eferencia, se crean o se añaden técnicas, niveles y/o jerarquías. Generalmente este tipo de estructura añade más datos y se aleja de la esencia de lo que es la naturaleza de la sanación.

La jerarquía es una estructura basada en los niveles de importancia y es muy frecuente en las artes de sanación. Hay los que están venerados, o intentan serlo, los sanadores o los expertos. El sistema de calificación también es un ejemplo de este patrón. No podrías certificar a nadie, salvo que consideraras disponer de cierta autoridad. Es el motivo por lo cual Robert no ha creado programas de certificación. Él invito a las personas a encontrar las respuestas por si mismas, y de ese modo, alejarse de las estructuras jerárquicas

EL ESQUEMA PRENATAL

El esquema prenatal es una serie de puntos reflejos que actúan como símbolos del periodo de la gestación y el periodo de formación desde la preconcepción hasta el nacimiento. El esquema prenatal ofrece una estructura que nos permite dirigirnos a los primeros patrones de estrés en la humanidad.

Estos primeros patrones de estrés nos afectan individualmente dependiendo del grado de estrés genético y kármico aportado en el momento de la concepción. Nuestros patrones subyacentes son el estrés primario desde el cual funcionamos conscientemente e inconscientemente. Determinan que experiencias son consideradas como traumáticas, en función de cómo percibamos o manejemos las situaciones. En ocasiones, ciertas situaciones difíciles nos hacen más fuertes y, en otras, siguen perturbándonos durante años o a lo largo de nuestras vidas.

Esto responde a la cuestión habitual de "naturaleza versus crianza". Tanto nuestro entorno uterino como el de la infancia, son considerados como fuentes de estrés secundarias, dado que son nuestras actitudes mentales de base las que determinan cómo percibimos y nos manejamos en estos entornos. Estas actitudes son las que crean nuestra naturaleza.

La analogía siguiente, creada por un maestro de Metamorfosis en Australia, da una idea de cómo nuestras actitudes mentales de base afectan nuestra percepción de la vida.

Una madre de gemelos varones de 4 años está preparando pasteles para unos amigos que están a punto de llegar. Se da cuenta de que no le quedan huevos y, como le falta tiempo, pide a los chicos que se queden quietos sentados mientras ella corre a la tienda.

Mientras está fuera, ellos deciden ayudar repartiendo harina en el suelo y en la encimera de la cocina. A la vista de lo que habían hecho, la madre enfureció. En su frustración, atrapó los niños por el cuello de sus camisetas y les colgó en la ventana, sacudiéndoles un rato antes de meterles dentro.

Treinta años más tarde, uno de los niños es piloto. Ama apasionadamente a las mujeres y la pastelería danesa. El otro tiene miedo a las alturas, odia a las mujeres dominantes y es alérgico a los productos de harina blanca. En terapia, recordó que cuando tenía cuatro años su madre intentó matarle.

Cada chico percibió la situación en base a sus esquemas inconscientes o a sus actitudes mentales. Estas actitudes profundas e inconscientes están detrás de nuestras disfunciones individuales y colectivas y determinan lo que experimentamos como traumático.

Cuando experimentamos inconscientemente un cierto estrés interno, es más difícil manejar un estrés en el exterior. El grado de estrés interior depende de nuestros esquemas subyacentes.

Esta perspectiva nos hace ver de que no podemos culpar a nuestra vida-intrauterina, a nuestro nacimiento, a nuestra infancia o a nuestros padres tanto como nos gustaría hacerlo. Robert tenía este dicho, "déjalo y sigue", lo que significa, focalízate en el ahora y no en el pasado. También solía decir "sigue con tu limpieza". En otras palabras, ¿estás investigando y analizando cada resto de comida en los platos sucios o simplemente estás fregándolos? ¡Piénsalo!

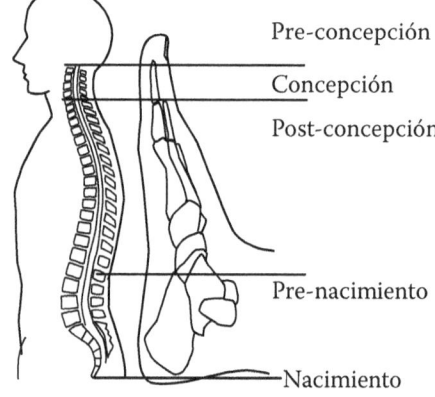

El esquema prenatal ©.

Ese diagrama os muestra visualmente el esquema prenatal en relación a los pies y a la columna vertebral.

Pre-concepción

La pre-concepción es el periodo que precede a la manifestación física; es la reunión de todas tus influencias kármicas. Kármica, en este sentido, se refiere a los reinos del pensamiento y del pasado.

La pre-concepción está registrada dentro de los puntos reflejos correspondientes a las glándulas pineal y pituitaria, y a la concepción.

Físicamente, la pre-concepción afecta los senos del cráneo y la parte de la cabeza superior a la línea de la mandíbula.

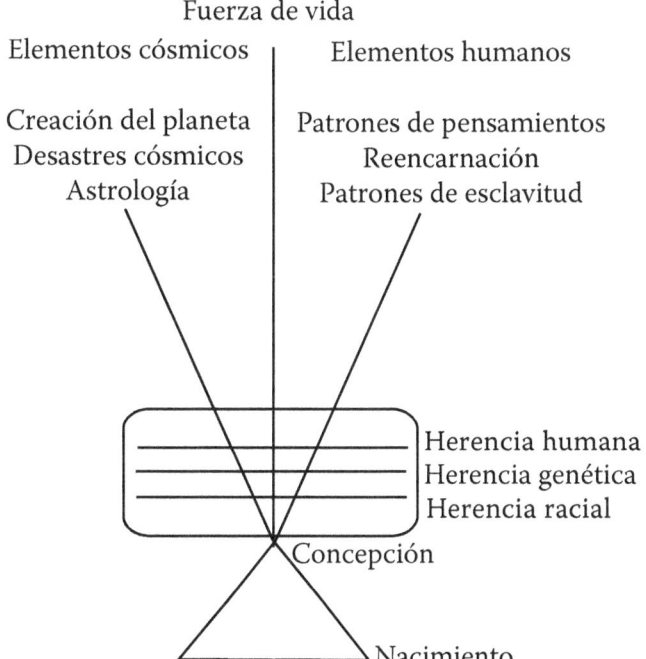

Diagrama de pre-concepción

Este diagrama os muestra una visión del tema en su globalidad. Es una versión simplificada y re-creada del diagrama de Robert St. John "Metamorphosis, a Text Book on Prenatal Therapy" (Metamorfosis un Libro de Texto sobre la Terapia Prenatal).

El diagrama de la pre-concepción ofrece una forma de visualizar las influencias colectivas e individuales que entran en juego en el momento de la concepción. Todo lo que se sitúa por encima del triangulo representa los patrones kármicos, patrones no físicos que existen en forma de pensamiento. La punta del triangulo representa la concepción, el momento donde las influencias que pertenecen al individuo, sus patrones genéticos y kármicos, se materializan en forma física. El triangulo representa el periodo de gestación, desde la concepción hasta el nacimiento.

Este diagrama presenta el marco de referencia con el cual trabajamos en la práctica de Metamorfosis. Nos dirigimos hacia estos patrones de estrés profundos a través de los puntos reflejos de la columna vertebral situados en los pies, las manos y la cabeza, de la misma forma que cuando trabajamos con la columna vertebral directamente o usamos los símbolos de manos.

Los elementos cósmicos se refieren a los patrones de nuestro planeta y del universo que han tenido un efecto en todas las formas de vida desde el principio de la creación, incluyendo la separación de la aferencia y de la eferencia.

Los elementos humanos se refieren a los patrones de la humanidad en su globalidad, desde el principio de la existencia humana.

La astrología se basa en la alineación de los planetas en el momento exacto de nuestro nacimiento y en la influencia que tienen sobre nosotros. La idea con Metamorfosis es que a medida que entramos en mejor equilibrio, la influencia negativa que puedan tener cosas externas sobre nosotros se reduce, incluyendo la influencia de los planetas. Esto significa que podemos trascender a nuestras cartas astrales.

La reencarnación es el concepto de vivir muchas vidas. Robert decía que una recolección de vidas pasadas no significa necesariamente que hayamos vivido esas vidas, pero que posiblemente, cuando la gente muere, sus esquemas de pensamientos no resueltos se quedan en el tiempo y en el espacio. Durante la pre-concepción, si una persona tiene una afinidad con un esquema de pensamiento de una vida anterior, puede que se vuelve un patrón kármico teniendo una influencia en su vida.

Que exista o no la reencarnación, realmente no importa. La idea es de darse cuenta de cómo, de manera colectiva, tendemos a atarnos a formas particulares de pensamiento, lo que crea sistemas de creencias. Más importante aún, nos preocupa que algo en el pasado nos influya en el ahora, lo que significa hasta cierto punto que estamos "estancados" en el pasado. El propósito de Metamorfosis es poder dejar partir las influencias negativas del pasado.

El esquema de esclavitud siempre ha tenido una influencia en la humanidad. En el curso de la historia, el hombre ha esclavizado a masas de gente y continúa esclavizando animales por diversión o como animales de carga. La idea de utilizar mano de obra para las tareas, la clase obrera, hace también parte de ese patrón.

La herencia humana se refiere a patrones únicos del ser humano. Recuerda que las disfunciones del patrón negativo de la aferencia y la eferencia afectan a todo tipo de vida en el planeta.

La herencia genética se refiere a los patrones de nuestro linaje personal desde los orígenes, y que se transmiten a través de los genes maternos y paternos.

La herencia racial se refiere a los patrones de pensamiento en relación con tu raza o cultura específicas desde los orígenes. Cada raza y cultura tienen su propia y única historia y esquemas.

Todas estas influencias son el resultado de la separación de la aferencia y la eferencia. Su influencia en la humanidad y en cada individuo son principalmente inconsciente, por lo cual nos resulta difícil encontrar las causas de nuestras disfunciones individuales y colectivas. Cuando limitamos el alcance de nuestra intención, limitamos nuestra habilidad de crear y de curar. Volver a los orígenes de todos los patrones que afectan la humanidad significa que englobamos todos los aspectos de nuestros esquemas y no solamente los aspectos que podemos entender o interpretar intelectualmente.

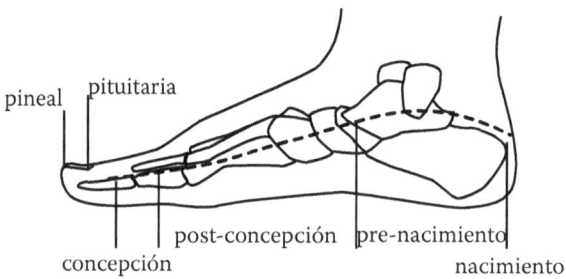

Los puntos reflejos de las glándulas pineal y pituitaria representan el principio de la vida, que se manifiestan fuera del reino físico. La glándula pineal se refleja en el ángulo superior de la uña y representa el principio absoluto de la vida. La glándula pituitaria se refleja en el ángulo inferior de la uña del dedo pulgar y representa el principio de la vida que la mente humana puede comprender.

Concepción

La concepción es el momento en el cual todas tus influencias genéticas y kármicas se registran en una forma física, la célula. Es tu comienzo personal. Dependiendo del nivel de estrés recibido a través de las influencias genéticas y kármicas, la concepción puede ser perturbada.

Cada persona tiene su propia "mezcla" de influencias genéticas y kármicas que se incorporan en la concepción, y que determinará su orientación aferente o eferente. El grado de estrés que llega a la concepción, causa que algunos se retiren de la vida creando una orientación aferente. Otros, sin embargo, se lanzan hacia adelante creando una orientación eferente.

El estrés enclavado en la concepción, afectará la manera de desarrollarse en el útero a todos los niveles. Este estrés crea tu actitud mental en relación a la vida que nace. Tu orientación aferente o eferente afectará tu proceso de nacimiento, así como tu percepción de la vida desde ese instante y en adelante, incluyendo el cómo responderás o reaccionarás frente a otros y a las situaciones presentes a lo largo de tu vida.

La concepción está registrada en la primera vértebra cervical y afecta directamente las siete vértebras cervicales. Físicamente, la concepción afecta la mandíbula, la boca, la garganta y el cuello.

La concepción también tiene una influencia en todos los aspectos de una persona. La primera célula queda grabada en el momento de la fecundación. Esta célula se reproduce e influye sobre el resto de las células que crean al individuo.

El punto reflejo en el pie que se corresponde con el momento de la concepción, es la zona desde la articulación del dedo pulgar hasta su unión con el resto del pie

Post-concepción: semanas 6 a 23 de la gestación

Este es el periodo de crecimiento y desarrollo.

Todos los elementos necesarios para crear una nueva persona están presentes. La tarea en este periodo, es crecer y desarrollarse. Mientras que unos facilitan su desarrollo, otros pueden retrasarlo. La actitud de postergar puede ser un patrón a lo largo de la vida. Si la demora es extrema el niño nace con retraso, y esto significa que ha sido retenido en su desarrollo.

Los abortos espontáneos suelen ocurrir durante este periodo. Algunos optan por irse durante este tiempo, si la idea de llegar a la vida les intimida demasiado.

Físicamente, la post-concepción afecta los hombros, los brazos, la columna vertebral torácica y todo lo que se sitúa entre los hombros y el diafragma, base de la caja torácica.

Los puntos reflejos empiezan donde el dedo pulgar se junta con el cuerpo del pie hasta el punto interior donde comienza el hueso redondo del tobillo.

Pre-nacimiento: desde la semana 23 al nacimiento

Este es el periodo de la preparación al nacimiento, la acción y el cambio.

Si hay un estrés subyacente importante presente durante este periodo de pre-nacimiento, el bebé puede experimentar sensaciones de ansiedad, frustración o insuficiencia. Puede haber un miedo al cambio, o una resistencia a ir hacia adelante en la fase siguiente, el nacimiento.

Esas actitudes presentes durante la gestación, continúan a influenciarte a lo largo de la vida, operando a un nivel inconsciente. Robert solía decir que el periodo prenatal es un "periodo de prueba" para la vida; la forma en la que manejamos el estrés interior y exterior en el útero, es similar a cómo manejamos el estrés durante el resto de nuestra la vida.

Físicamente, la pre-nacimiento tiene influencia en la zona entre el diafragma y la parte baja de la pelvis. Engloba los sistemas digestivo, excretor y reproductor, así como la parte lumbar de la columna vertebral, el sacro y las caderas.

La zona refleja va desde la parte interior y baja del hueso del tobillo, hasta justo el borde del talón.

Nacimiento

El nacimiento se relaciona con el principio de la acción. Se refleja en la habilidad o incapacidad de moverse libremente en la vida.

Con Metamorfosis, miramos las actitudes y la naturaleza de cada situación. Un parto difícil a menudo representa una resistencia a entrar en la vida o a moverse en la acción.

Los bebés que llegan después de la fecha prevista, pueden estar poco dispuestos a la idea de moverse hacia delante o les falta iniciativa a la hora de actuar. Puede que los bebés prematuros lleguen antes porque están listos y entusiasmados por llegar a la vida. O, simplemente, llegan pronto porque ansiaban quitar la energía del útero.

Físicamente, el nacimiento afecta la uretra, la zona genital y el cóccix. El punto reflejo se sitúa justo al borde del hueso del talón.

LA CREACIÓN

El tema de la creación introduce los principios de conciencia, concepto, idea, pensamiento, forma, creación y acción. Estos principios representan el movimiento natural de la conciencia entrando en acción (o de la aferencia entrando en eferencia.) Esto es creación, el movimiento de la esencia de la vida en manifestación física.

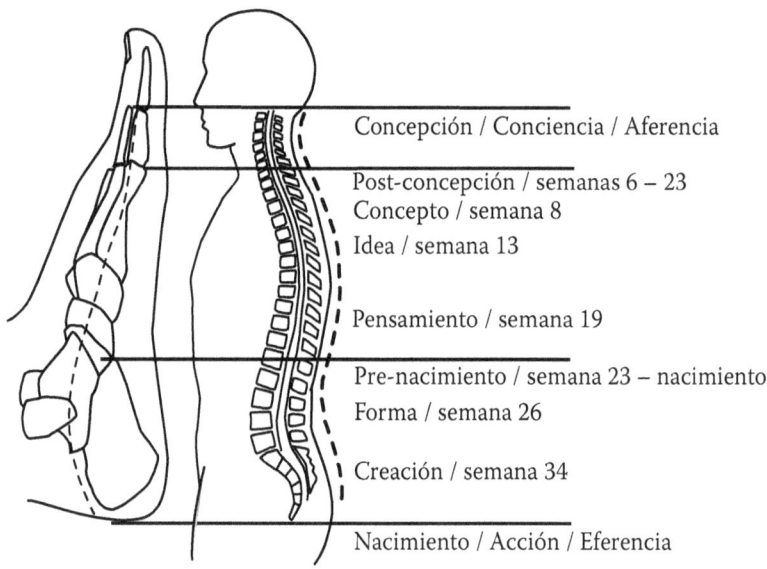

Inicialmente, Robert hizo este diagrama con un triangulo y después se dio cuenta que el triangulo era parte de una esfera. Elegí hacer el diagrama del tema del esquema prenatal junto al tema de la creación, para mostraros como se corresponden con las semanas de la gestación. A nivel visual, ayuda a ver cómo se corresponde con la práctica actual de Metamorfosis.

El propósito de cualquier estructura en Metamorfosis es ofrecer un medio para presentar una temática. Esto ayuda a estar consciente del tema y a no considerarlo como una estructura separada. El esquema prenatal y el tema de la creación tienen una correlación con las semanas de la gestación y juntos abarcan una temática mayor.

El esquema prenatal trata la temática del desarrollo en las fases de gestación y el tema de la creación ofrece una manera de visualizar cómo la consciencia se mueve en acción. Ambos temas tratan las actitudes mentales que crean nuestras vidas.

La conciencia se sitúa en el mismo punto que la concepción. Es la primera manifestación humana del principio de aferencia.

El concepto se sitúa al nivel de la octava semana. Es el fin del periodo embrionario; se ha completado la formación de la estructura primaria del cuerpo. Hay una visión abstracta de los patrones de la vida.

La idea se sitúa al nivel de la semana 13. Es una imagen formada en la mente que posee el potencial de la estructura.

El pensamiento se sitúa al nivel de la semana 19, la novena vértebra torácica, en el nivel del plexo solar. Es donde la aferencia y la eferencia se entrelazan. El pensamiento ya existe pero no está preparado para manifestarse.

La forma se sitúa en el nivel de la semana 26. Es el principio potencial de la acción física. Robert solía compararlo con la estructura de una casa.

La creación se sitúa en el nivel de la semana 34, la parte superior del sacro. Es cuando todo lo necesario para la manifestación completa de la conciencia en acción está presente; te preparas para actuar. Se refleja en tus deseos y tus habilidades de crear. La tensión en esta zona suele descargarse con deporte o sexo.

La acción se sitúa en el mismo punto que el nacimiento. Es el fundamento de la acción, la habilidad de ir hacia delante en la vida.

LA DINÁMICA AFERENTE-EFERENTE EN LA PERSONALIDAD

Aunque no es necesario fragmentar el principio de aferencia y eferencia, ayuda mostraros como sus dinámicas ocurren en cada aspecto de la vida.

La aferencia no bloqueada es pura conciencia y presencia. La eferencia no bloqueada es acción y respuesta. La aferencia plantea un pensamiento y la eferencia responde, llevando el pensamiento a la acción y a la manifestación; ambos van unidos. Funcionar desde la aferencia y la eferencia desbloqueadas es vivir en el momento presente en un estado de respuesta a la vida.

Cuando observamos las características de la aferencia y de la eferencia en las personas, a menudo hay una tendencia a intentar etiquetarlas. Recuerda que cuando etiquetas a alguien, ya no te estás relacionando realmente con esta persona. Aunque cada uno tiene una orientación aferente o eferente, etiquetarles como tal no es beneficioso. Es lo mismo que con los síntomas y condiciones, es mejor no identificarles con una orientación, dado que tienen la tendencia a mantenerse en ese esquema.

Es más útil entender la dinámica entre la aferencia y la eferencia y cómo se manifiestan en ti mismo, en los demás y en el entorno. El propósito de Metamorfosis es de crear un equilibrio interior entre aferencia y eferencia. Cuando los dos se juntan en un equilibrio, su relación se vuelve más positiva, sana y creativa. En otras palabras, cuando la tensión entre los dos se reduce o, ya no existe, empezamos a funcionar de manera más eficaz a todos los niveles.

Aferencia o Eferencia como Tu Orientación Primaria

En la concepción, dependiendo de tus influencias genéticas y kármicas, adoptas una perspectiva u orientación hacia la vida aferente o eferente. Esta orientación determina cómo percibes la vida, y como interpretas y manejas las tensiones. Lo denominamos orientación en lugar de tendencia porque tu perspectiva primaria te orienta hacia cómo te aproximas a la vida.

Es importante tomar nota de que mientras tienes una orientación aferente o eferente, vas a experimentar bloqueos de ambos tipos. De la misma manera que experimentarás opiniones aferentes y eferentes a lo largo del día. Tienes la habilidad de "ser" aferente o eferente en cualquier momento, dependiendo de las situaciones o de las personas presentes en cada instante.

La aferencia y la eferencia no son lineares. Funcionan como una dinámica que está operando en cada momento y en cada interacción. Esto explica porqué podemos tener una orientación aferente y pensar o tener un comportamiento eferente, y viceversa.

Es útil saber la dirección del movimiento de la aferencia y la eferencia cuando consideramos la naturaleza de un bloqueo o de un esquema. En general, debido al estrés, la aferencia se aísla hacia dentro y la eferencia se lanza hacia fuera, ambos de manera compulsiva. Recuerda que el estrés a menudo viene desde dentro debido a nuestros patrones de estrés inconscientes. Reaccionamos a un estrés exterior dependiendo del nivel y la naturaleza de nuestro estrés interno. Este estrés actúa a un nivel inconsciente. Muchas veces no somos concientes de que esto motiva nuestras decisiones y afecta a nuestro bienestar, tal y como afecta también a nuestras relaciones con los demás.

La persona "aferente-orientada" tiene tendencia a llevar su atención y estrés hacia dentro, culpabilizándose a si mismo por el conflicto y reconociendo con dolor sus propios defectos. Tienden a vivir la vida de manera introvertida, pensando y observando en vez de participar. Prefieren a menudo pasar el tiempo solos que acompañados. Tienen predisposición a buscar inspiración y dirección desde dentro. Observa que la dirección es hacia el ser o dentro del ser.

La persona "eferente-orientada" dirige su atención y estrés hacia fuera, hacia otros, culpabilizándoles por el conflicto y reconociendo el defecto en cualquier otra persona. Tienen tendencia a vivir la vida de una manera extravertida, participando en actividades de grupos con menos atención e introspección. También suelen buscar inspiración y dirección en el exterior de si mismos, creando a menudo estructuras jerárquicas. Observa que la dirección es alejarse del ser.

Una vez más, la aferencia y la eferencia no son lineares, pero puedes hacerte una idea del grado de bloqueo a partir del diagrama siguiente.

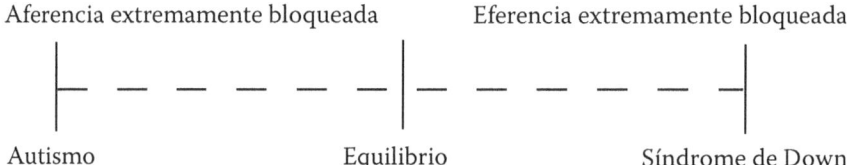

Cuando te alejas del equilibrio de aferencia y eferencia, tus patrones, reacciones y grados de tensión interna se hacen más extremos. Por el contrario, cuando te aproximas a un equilibrio de aferencia y eferencia, tus patrones, reacciones y grados de tensión interna se hacen menos extremos. El grado de tensión entre aferencia y eferencia disminuye cuando te acercas al equilibrio. Cuanto más equilibrado tienes, más fácil es poder experimentar ambas características aferentes y eferentes, positivas y negativas. Cuanto más "desequilibrado" tienes, más difícil es acceder a cualidades de la orientación opuesta.

Estando en equilibrio, puedes acceder sin esfuerzo y cuando lo necesites a las cualidades positivas de la aferencia y la eferencia. Es consciencia en acción moviéndose sin obstáculos. Este es el propósito de Metamorfosis, ser capaz de responder a la vida según las necesidades de cada momento.

Déjame compartirte una historia sobre el momento en el que esta dinámica quedó clara para mí. En 1996, organicé una conferencia para Robert en California. Se alojó en nuestra casa una semana antes, por lo que tuvimos tiempo para sentarnos y hablar de Metamorfosis. Robert, de naturaleza aferente, se comunicaba de una manera abstracta. Esto me forzaba a impregnarme de la esencia de lo que estaba diciendo en lugar de escuchar sólo información. Para que yo pudiera comunicarme de esta manera y sintonizar con la naturaleza de Metamorfosis, tuve que entrar más a fondo en la aferencia de lo que solía hacerlo. Fue un momento en donde descubrí una gran intuición para este trabajo.

Mientras me observaba disfrutando plenamente de esta manera de implicarme con Metamorfosis, el teléfono sonaba constantemente pidiéndome que arreglara detalles relacionados con la conferencia. Se requería de mí, acción/eferencia inmediata y encontraba difícil poder actuar, y comencé a sentirme estresada y cansada. Si hubiera estado más equilibrada, hubiera podido responder de manera natural a lo que se necesitaba en cada momento, sin estrés y sin esfuerzo.

Tuve muchas conversaciones con Robert durante esa semana así como al teléfono durante el año antes a la conferencia. Lo curioso fue que al finalizar cada conversación siempre me levantaba pensando "Me pregunto, ¿de qué hemos estado hablando?" No podía repetir mucho de la conversación en sí porque ocurría en un plano diferente. Es así que supe que Metamorfosis es algo que se absorbe y no que se aprende.

La Orientación Aferente

Los que son aferente-orientados se identifican con el principio de la vida en vez de identificarse con la acción. Es habitual encontrar al aferente-orientado sentado a un lado observando. Permaneciendo en la orilla, evita interactuar con la vida. Puede ser visto como alguien que evita implicarse en deportes, actividades e incluso, a veces, en conversaciones. En ocasiones, los aferente-orientados son tan tranquilos y retirados que la gente no se da ni cuenta de su presencia.

Un ejemplo divertido de cómo no se ve la aferencia, o en este caso no se oye, fue mi experiencia en el pasado con los restaurantes. Cuando comía en un restaurante, mi comida llegaba pocas veces como lo había pedido. Normalmente, solo ocurría con mi pedido. Me di cuenta que debido a mi naturaleza introvertida, mi pedido simplemente no se oía. Afortunadamente, con el tiempo, a medida que llegaba a un mejor equilibrio, mis pedidos empezaron a llegar tal y como yo los deseaba.

La expresión extrema de la orientación aferente es el autismo. Reflexiona un momento sobre la naturaleza de los que son considerados como autistas; están en un estado crónico de retiro sobre si mismos. Son extremamente sensibles y cada estimulación externa puede resultar opresiva. No les gustan los contactos visuales directos, y el ser tocados, puede resultarles muy incómodo. Cuando están muy estresados pueden balancearse. Andan a menudo en puntillas, dado que no están realmente anclados en la vida.

Los aferente-orientados tienen tendencia a retirarse de la vida. Este retiro puede ser evidente, como desaparecer o evitar una confrontación, a la gente o situaciones estresantes. O, incluso éste, puede ser interno hasta el punto de que no oyen o no perciben a la gente o el entorno que les rodea. Cuando están retirados es difícil comunicar. Las palabras a menudo están en sus mentes pero no son capaces de dejarlas salir, creando frustración para todos los implicados.

No es inhabitual para una persona aferente-orientada sentirse atacada por la eferencia, incluso si no es un asalto intencional. A la persona aferente-orientada, la energía de la eferencia le llega de manera muy fuerte, como un ataque, mientras que la parte eferente piensa que se comportan simplemente de manera normal. La persona aferente-orientada aguantará durante un tiempo quejas, desaprobaciones o insultos, sean éstos reales o percibidos. Lo aguantarán, lo tragarán, lo aguantarán y lo tragarán, hasta que de repente – debido a la tensión acumulada – se dan la vuelta a la eferencia y explotan. Este comportamiento, siendo atípico y a menudo extremo en relación a la situación real por la tensión acumulada, será percibido por los demás como sobre-reactivo, irracional o histérico. Le tensión acumulada se ha ido pero la frustración de no ser escuchado o entendido, a menudo, se queda presente. Evidentemente, se culpabilizarán por su reacción explosiva.

Los que son aferente-orientados tienen tendencia a ser objetivos en su acercamiento a la vida y son capaces de considerar distintos puntos de vista. Cuando son extremadamente aferente-orientados, es muy frecuente que no puedan tener un punto de vista personal. Tienen tendencia a ser "flojos-sosos". Una persona más equilibrada puede ver muchas posibilidades o puntos de vista, pero al mismo tiempo tener su preferencia, sin intentar llevar la razón o recibir la aprobación de los demás.

Niños Aferente-Orientados

Visto que la mayoría de los sistemas sociales o educativos son de naturaleza eferente, es útil para los padres de niños aferente-orientados entender la naturaleza aferente.

La estructura de la gran mayoría de sistemas educativos se centra en memorizar y repetir datos. Los que son aferente-orientados entienden la naturaleza o el principio de las ideas y suelen agobiarse con los datos. Ven una amplia percepción y no tienen el mismo deseo o capacidad para recordar los detalles.

Los niños aferente-orientados prefieren a menudo actividades solitarias y los padres se preocupan por que sus hijos tengan más interacciones sociales. Los padres a menudo empujan a sus hijos a practicar deportes de equipo o actividades de grupos en un esfuerzo para ayudarles.

Forzar a los niños aferente-orientados en situaciones que no pueden manejar, incluso con la mejor intención, puede dañarles más que ayudarles. Algunos niños no son capaces de asumir tanta eferencia y están constantemente luchando contra su percepción de ser "inadecuados". Los niños aferente-orientados, y los adultos, están muy al tanto de sus limitaciones, dado que su orientación es mirar hacia adentro. Forzarles en entornos eferentes puede provocar que se retraigan todavía más.

Esto no quiere decir que insinuamos que los niños aferente-orientados, o adultos, no deseen actividades sociales, pero el estrés que esto conlleva puede resultar agobiante para ellos.

Si un niño está abierto a ello, recibir tratamientos de Metamorfosis puede ayudarle a entrar en un mayor equilibrio. Como consecuencia, puede buscar por si mismo de forma natural actividades sociales. En la gran mayoría de los casos, los niños captan la Metamorfosis en seguida, así que es posible enseñar a un niño a trabajar consigo mismo, incluyendo el usar los símbolos de manos. Esto resulta ideal si el niño es suficientemente mayor como para entender lo que está haciendo y/o cuando los padres sientan la necesidad de que sus hijos cambien en cierta medida. Si el niño siente una presión externa para cambiar, es muy probable que se retraiga todavía más. Encontrar un profesional de Metamorfosis o enseñar al niño a trabajar consigo mismo quita la presión de todos los implicados.

A veces, es evidente que algo está molestando a un niño aferente, y un padre más eferente, puede preguntarle por lo que no va bien. Si el niño es muy aferente, puede retirarse por la eferencia de la pregunta. Todos hemos visto en películas o programas de televisión el ejemplo de un padre que lleva a su hijo a pescar y se sienta a su lado. El niño, finalmente se relaja y comienza a compartir lo que está en su mente. La presencia eferente y la presión han desaparecido.

Es útil para los padres entender la naturaleza de la aferencia y la eferencia y saber que los niños y los adultos aferente-orientados pueden ser bastante felices, incluso si no están conformes con las normas. Habitualmente es mejor animar a las personas a ser quienes son, sin centrarse en percepciones negativas de lo que "no son" o de cómo "tendrían" que ser. Si es un conflicto para los padres, los tratamientos de Metamorfosis pueden ser también beneficiosos para ellos.

Aferencia en Películas

Bruce Lee llevó la perspectiva de la no-técnica, o de sintonizarse a las artes marciales. La película A warrior's journey, de tipo documental, nos muestra su filosofía. El tema de la película es que Bruce lucha para subir los pisos de una pagoda. En cada piso, se encuentra con un adversario, cada uno entrenado en un estilo diferente en las artes marciales. Consigue ganar a cada adversario porque se sintoniza con cada situación y actúa con consciencia, en lugar de recurrir a un estilo aprendido. Aunque su filosofía no es la misma que la de Robert, ambos integran la sintonización o el trabajo con la consciencia en lugar de usar técnicas. Me pareció fascinante ver este concepto mostrado de esta forma.

Dustin Hofman representó el desorden extremo de la aferencia en la película Rain Man. El personaje era muy inteligente pero no podía desempeñarse en los aspectos de la vida cotidiana y necesitaba un cuidado constante.

Russell Crowe representó la incomodidad extrema que la persona aferente-orientada puede sentir en situaciones sociales en la película A beautiful Mind. El personaje que encarnó era un hombre extremamente inteligente que sufría de esquizofrenia, un patrón de extrema aferencia.

Resumen de las Características del Aferente
- Creativo
- Se relaciona con los principios de la vida
- Mente independiente, piensa por si mismo

- Objetivo, puede entrever muchos puntos de vista
- Intuitivo, conocimiento interno
- Usa estructura solamente cuando lo necesita
- No piensa de manera lineal
- Tendencia a ser desorganizado
- Se retira frente al estrés, introvertido
- Patrón de víctima, directamente o indirectamente atacado debido a su naturaleza retraída
- Se culpabiliza a si mismo en vez de culpabilizar a los demás
- Tiene tendencia a andar en las puntas de los pies, prefiriendo no atraer atención sobre si mismo.
- No se siente escuchado y tiene dificultad para expresarse
- Se siente a menudo como si no perteneciera, no encaja
- Prefiere actividades tranquilas, solitarias o en grupos reducidos
- Las tensiones y enfermedades mentales son de naturaleza aferente

La Orientación Eferente

Mientras el aferente-orientado se relaciona con la esencia de la vida, el eferente-orientado se relaciona con el acción en la vida. Les gusta estar implicados de manera activa, teniendo a menudo una vida social muy llena, jugando a deportes de equipo, siendo miembros de clubes y participando en actividades de grupo. Tienen tendencia a estar atraídos por organizaciones estructuradas y por puestos de liderazgo. Se sienten cómodos siendo estrellas, y de hecho lo suelen buscar.

Las personas eferente-orientadas promueven la conformidad y tienen tendencia a estar en contra de la libertad de pensamiento, o de la naturaleza no conformista, de los aferente-orientados. La conformidad es una gran parte de todas las organizaciones estructuradas eferentes, como el gobierno, los negocios, el sistema educativo y la religión.

La expresión extrema de la orientación eferente es el Síndrome de Down. Los que son considerados con Síndrome de Down se reconocen fácilmente, dado que este patrón hace que las características faciales aparezcan como saliendo hacia fuera. Robert utilizó el término retrasado cuando se refirió a ese patrón, que es su sentido literal, al significar retenido en su desarrollo. Esto se debe a la actitud de postergación que pudo empezar en el instante justo o alrededor de la concepción. Su nivel de desarrollo, incluso como adulto, suele quedarse en el nivel de un niño o adolescente. Suelen ser extravertidos y aman a la gente.

Una persona muy eferente-orientada, bajo estrés, generalmente se descarga sobre otros verbalmente o físicamente. Evidentemente, el otro tendrá la culpa dado que el eferente-orientado echa la culpa hacia fuera. Esta actitud de descarga es compulsiva, es una reacción inmediata a la situación y que olvidan rápidamente. (Al mismo tiempo, la parte aferente que recibe el ataque, se retrae aturdida).

El eferente-orientado tiende a no tener objetividad y sólo pueden ver un punto de vista en cualquier tema. Su punto de vista es el "correcto" y es la "¡verdad!" Esta es la actitud mental que está detrás de muchos conflictos en el mundo.

La gente lucha por lo que piensan que es una verdad religiosa, moral o política en la que creen firmemente. Esto crea tensión, caos, juicio y guerras.

La gente también argumenta y enloquece a otros con sus creencias. El tema de los matrimonios gay es una polémica caliente en este momento. Mientras la gente argumenta sobre lo que le parece "justo" desde sus creencias, pierden la perspectiva de lo que es importante. El amor, el compromiso y las necesidades de los individuos se pierden en las discusiones.

La tensión se ve también en el mundo de las artes de sanación, creando división entre los profesionales de creencias diferentes. La relación negativa entre aferencia y eferencia mantiene a la gente desconectada, enfadada y discutiendo.

El eferente-orientado tiene tendencia a ver las cosas en términos de bien o mal y de verdad o falso. Se sienten también llamados a justificar sus creencias con datos y pruebas. Sin embargo, las investigaciones suelen ser sesgadas de una manera u otra, y un investigador puede utilizar los "hechos" en su favor.

Una vez asistí a una charla sobre la inteligencia celular. El ponente terminó su presentación con esta frase, "... tenemos que continuar recolectando datos que demuestran lo que ya sabemos". Me pareció un ejemplo gracioso de lo que es la perspectiva eferente.

Niños Eferente-Orientados

Los niños eferente-orientados tienen la suerte de que la estructura de la educación, de la religión y las normas sociales, está creada por el eferente-orientado. La mayoría de los sistemas educativos están estructurados en el concepto de memorizar y reiterar información en lugar de considerar la naturaleza, los fundamentos o las ideas que lo sustentan. El sistema de poner notas, participar en deportes de equipo y fomentar competiciones, son conceptos eferentes. El niño eferente-orientado suele amar, entender y disfrutar de estas actividades.

Un niño más eferente-orientado tendrá la necesidad de atacar verbalmente o físicamente a un niño aferente. El niño que molesta y el niño molestado ambos están sujetos a las dinámicas compulsivas de los lados negativos de la aferencia y de la eferencia

Eferencia en películas

El concepto mismo de película es eferente, dado que es una imagen o un reflejo de la vida.

Algunas películas se basan en el desarrollo de personajes que muestran la dinámica aferente-eferente que causa nuestros dilemas personales y globales. A los que son eferente-orientados, les gustan las películas con violencia, sexo y efectos especiales, hechas para estimular una persona en lugar de describir una historia.

Los personajes más evidentemente eferentes son los de las películas de "acción" como Rambo o Terminator.

Resumen de las Características del Eferente

- Se comunica fácilmente
- Se relaciona con la estructura existente de la vida
- Se siente cómodo con las actividades de la vida cotidiana
- Piensa de manera lineal y organizada
- Dato-orientado, necesita pruebas científicas o documentadas; le encantan los hechos
- Disfruta de actividades sociales, en grupo o en equipo, a menudo tomando una posición de líder
- Orientado hacia el grupo, conformista, suele no gustarle la libertad de pensamiento

- Acude a la estructura en nombre de la estructura, creando a menudo jerarquía en el proceso
- Le falta creatividad, copia en lugar de crear algo nuevo
- Le falta objetividad, incapaz de ver más que un solo punto de vista
- Suele llamar la atención por sus acciones y por su tendencia a hablar en alto
- Prefiere actividades ruidosas y agitadas con mucha gente
- Esquema de ejecutor
- Echa la culpa a fuera, a otros
- Cuando se enfada, explota hacia los demás, verbal o físicamente
- Los problemas físicos, emocionales o de comportamiento son de naturaleza eferente

Diferentes Variantes de Eferencia

• *Eferencia Forzada*

La eferencia forzada es un empujón temporal de eferencia durante un tiempo determinado, como en el caso de dar una ponencia o de asistir a una fiesta. Esto puede ocurrir consciente o inconscientemente. La persona trata de atravesar la situación o el evento, pero con un esfuerzo increíble. Esta eferencia forzada no es natural y requiere de mucha de energía.

• *Eferencia Condicionada*

La eferencia condicionada ocurre cuando una persona aferente-orientada aprende a adjudicarse la eferencia como modo primario de funcionamiento. Dado que la mayoría de las estructuras sociales y educativas son eferentes, los niños están incitados a un modo de funcionamiento eferente desde una edad muy temprana. Este modo de funcionamiento suele continuar inconscientemente a lo largo de la vida, porque se han habituado a esta orientación condicionada. La orientación eferente encaja perfectamente en la jerarquía y la estructura del mundo de los negocios, los escalones en el mundo del trabajo, las normas en las empresas y la manera solicitada de hacer las cosas.

El precio a pagar por la eferencia condicionada suele ser la enfermedad, porque las personas están poniendo continuamente más energía de la que tienen. Es muy probable que estén agotados al final del día o que dependan de la cafeína o de otros estimulantes. Eferencia es acción, así que el eferente-orientado o los que están en un buen equilibrio tienen mucha más energía para "hacer" cosas que el aferente-orientado, que suele pensar más en hacer las cosas.

Puede ser muy liberador para alguien que está condicionado con la eferencia reconocer el modo de funcionamiento que ha adquirido. Las personas aferente-orientadas no suelen seguir muy bien "la masa", les gusta hacer las cosas de manera ligeramente diferente y no aprecian los puntos de vista de la jerarquía o de estructuras innecesarias

- *Sobre-Eferencia*

La "sobre-eferencia" es la falta de aferencia, conciencia y luz. Se expresa a menudo en adicción a drogas fuertes, crimen en serie o participación en ceremonias diabólicas. Es difícil, pero no imposible que las personas que se han alejado tanto de la aferencia (la conciencia), puedan salir de ello. Este patrón se describe a menudo en películas de horror o películas que contienen elementos oscuros.

• *Eferencia Pícara*

La eferencia pícara es la de aquellos que tienen una necesidad compulsiva de actividad sexual frecuente. Debido a su inconciencia y a las tensiones subyacentes, suelen necesitar algo extra o inhabitual para ir más allá de las tensiones y poder tener un orgasmo. Este patrón, con todas sus variaciones y sus temas, suele ser mostrado en revistas y películas pornográficas.

LA DINÁMICA AFERENTE-EFERENTE EN LAS RELACIONES

Robert dijo que las relaciones estaban principalmente basadas en la afinidad del caos, significando que las personas se atraen a través de sus bloqueos y sus esquemas negativos. Al principio, los esquemas negativos tienen tendencia a desaparecer, creando la sensación de enamoramiento. Suele experimentarse como euforia, una sensación desbordante de alegría y de vitalidad. Con el tiempo, el equilibrio provisional desaparece y los esquemas entran en acción. ¡Es lo que habitualmente notamos como el fin de la luna de miel! Las parejas empiezan a discutir por tonterías porque están luchando contra las tensiones subyacentes entre ellos mismos y contra la dinámica de una aferencia y eferencia negativas.

Aferencia y Eferencia Prestada

Inconscientemente, el individuo toma prestada las características positivas de la orientación contraria de la otra persona, especialmente en la pareja. La persona más aferente cuenta con la eferencia del otro para conseguir que las cosas se hagan o para acompañarles en eventos sociales. A nivel social la persona aferente-orientada se aferra al otro, dado que tiene que absorber eferencia para poder estar allí. Esto es lo que algunos llaman esquema de co-dependencia: cuando necesitas la orientación de la otra persona para poder funcionar completamente.

La persona más eferente cuenta con la creatividad y la consciencia del otro, buscando a menudo a la persona más aferente para tener intuición, ideas o respuestas a sus problemas.

Cuando nos juntamos en pareja, esta dinámica ocurre continuamente y el resentimiento empieza a acumularse. A veces no sabemos porque nuestras parejas nos molestan tanto, y suele ser porque esta dinámica ocurre de manera inconsciente.

Esta dinámica puede también ocurrir en cualquier otro tipo de relación, sea con un amigo, un colega de trabajo o un miembro de la familia. Es una dinámica habitual entre socios. La persona aferente-orientada tiene ideas pero no tiene suficientemente eferencia para hacer algo con ellas. La tendencia es juntarse con una persona más eferente-orientada que pueda financiar o llevar acabo sus ideas. Esto explica cómo muchas de las artes de sanación se han vuelto tan eferentes en su naturaleza. El socio eferente, con la intención de publicitar la idea, hace perder a menudo la aferencia o la esencia misma del trabajo.

Aferencia y Eferencia Asumidas

Cada uno tiene una orientación, que se muestra en la manera con la que suele manejar el estrés. Sin embargo, también experimenta ambas perspectivas aferente y eferente. Si una persona aferente está con alguien que es más aferente que ella, temporalmente tomará un papel eferente en esta relación o situación. Si una persona eferente está con alguien más eferente que ella, temporalmente tomará un papel aferente en esta relación o situación. Esta dinámica fluctúa dentro de las relaciones y en todo tipo de interacción. Recuerda que la aferencia y la eferencia no son lineales. Interactúan juntas continuamente. Participarás constante e inconscientemente en esta dinámica dependiendo de tu orientación, de lo que estás haciendo y de con quien estás.

Observar esta dinámica dentro de ti, te ofrece la oportunidad para entender realmente la naturaleza de cada orientación. Asimismo, te ayuda a tener una visión más amplia, a medida que comienzas a ver la naturaleza compulsiva de la aferencia y de la eferencia y de todas las disfunciones que sus relaciones negativas pueden generar.

El Patrón de la Relación

La naturaleza de las funciones genitales tiene un efecto en las relaciones hombre-mujer. Este patrón parece que se hace más fuerte con el tiempo. La teoría de Robert en el patrón relacional se basa en la función sexual de reproducción. El hombre inicia el embarazo con la eyaculación. El cuerpo de la mujer responde y completa el acto gestando y pariendo al niño.

La aferencia inicia y la eferencia responde; así es la dinámica entre las dos. Como la aferencia inicia, el hombre está sujeto al esquema aferente en relación a su pareja femenina. Como la eferencia responde, la mujer está sujeta al esquema eferente en relación a su pareja masculina. Una mujer puede ser aferente-orientada, pero inconscientemente asumir un role eferente en la relación con su pareja, y viceversa. Esta dinámica también está presente, aunque menos extrema, cuando la pareja es del mismo sexo.

Un escenario típico en una relación marital es que el esposo que llega a casa, se sienta en su silla y no comunica mucho. Su mujer, curiosa de cómo fue su día o, como reacción a esa actitud retraída, comienza a hacer preguntas. Las preguntas son de naturaleza eferente, con el resultado que él se siente atacado o interrogado y se retrae todavía más, siendo cada vez más difícil comunicarse. Ella, al contrario, presiona más en la eferencia y continúa sus preguntas, a menudo de manera más agresiva. Entonces empieza el ciclo de lamentación, con quejas de tipo, "Tu nunca me hablas...". Como la eferencia suele ser muy repetitiva, ella dirá lo mismo día tras día.

Es muy provechoso, si cada persona se da cuenta que ambos patrones son compulsivos y desagradables. Resulta estresante estar en un modo retraído, siendo incapaz de comunicar o de funcionar como se desea. Y es igualmente estresante reaccionar a este retroceso. A nadie le gusta ser el que pincha o el que ataca ni tampoco ser pinchado o atacado. Estar forzado en la eferencia es estresante y la persona lo pagará, especialmente, si es de naturaleza aferente.

Dado que estos esquemas son compulsivos, las acciones de la pareja siempre son una expresión de cómo él o ella se sienten en relación a ti. Entender esto, permite ahorrar a ambos mucha frustración y sentimientos dolorosos.

La solución evidente en ese patrón relacional sería practicar Metamorfosis consigo mismo y/o mutualmente. Si cada persona puede acceder mejor, tanto a la aferencia como a la eferencia dentro de si mismos, ya no sería necesario depender del otro, y reduciría los resentimientos.

Si estás en una relación infeliz, trabajar contigo mismo podrá crear menos tensión entre ti y tu pareja, o uno de los dos se dará cuenta de que es mejor irse. La pareja eferente es habitualmente la que se va o se muda.

Idealmente si ambas personas llegan a un equilibrio razonable, la relación se basará en amistad y apreciación mutua en lugar de vivir una "adición al caos".

El Patrón Sexo/Sensualidad

El patrón sexual es compulsivo y existe en cierta medida en cada uno. A menudo hay mucha vergüenza, culpabilidad y juicio en relación con este patrón.

El patrón sexual es efectivamente uno de los patrones de estrés primarios de la humanidad. Solo debemos mirar a la publicidad para ver hasta qué punto es fácil vender casi cualquier cosa si despierta el impulso sexual. En realidad se llama impulso, dado que es un impulso de encontrar un escape a las tensiones. El hecho de que haya tensión indica que hay estrés incluido.

La función primaria de los órganos reproductivos es de reproducir, aunque la mayoría del sexo está basado a menudo en la necesidad de soltar tensión y/o de experimentar placer. El patrón de la sensualidad ha introducido el placer en el acto sexual más allá de su función primaria. Para algunos, la necesidad de este placer es compulsiva y buscan frecuentemente gratificación sexual. Se llama popularmente adicción sexual. Otros pretenden disimular sus pulsiones intentando quedarse solteros.

Los que tienen un bloqueo a nivel de la semana treinta y cuatro, es decir a nivel de la cadera, necesitan a menudo estímulos extras para poder pasar a través de este bloqueo y tener un orgasmo. Todos conocemos algunas de las cosas que la gente utiliza o hace para tener mayor excitación. Para algunos este patrón es extremo y puede llevarles a tener conductas sexuales consideradas como inaceptables, conllevando a menudo dolor, degradación, o sexo con un ser sin su consentimiento o con personas inapropiadas, como niños o animales. Lo que puede ayudar en estos casos, es recordar que aunque la persona con esos comportamientos tiene placer, a menudo padece una tensión extrema.

Físicamente, la tensión del coxis irradia hacia fuera y afecta la zona genital masculina. El coxis representa la acción, y en consecuencia, los hombres suelen experimentar necesidades frecuentes de actividad sexual. El más eferente-orientado canaliza esta energía, en la mayoría de los casos, haciendo deporte o implicándose en actividades promiscuas. La persona más aferente-orientada trata a menudo de darse placer a si mismo con la ayuda de la pornografía. El sexo por Internet o por teléfono es un medio perfecto para ese patrón. Recuerda la naturaleza de los patrones; el tipo aferente es habitualmente incómodo estando con gente, pero no quita que esté sometido a tensiones sexuales.

La zona genital fémina y el útero, en relación a la columna vertebral, se sitúa más al nivel del sacro, lo que da a las mujeres perspectivas diferentes sobre el sexo. Las mujeres suelen experimentar las tensiones como su "reloj biológico" y/o sus problemas de menstruación. Para muchas mujeres, su "reloj biológico" cuenta hacia atrás y ellas sienten la necesidad de ser madres, incluso si no están realmente preparadas para serlo, o tener este estilo de vida. La menstruación es una función natural del cuerpo y sin embargo las mujeres suelen experimentar algún síntoma de estrés emocional o físico en algún momento de su ciclo.

Este patrón afecta a las mujeres también a nivel sexual. Las mujeres suelen encontrar placer, o intentan buscarlo, en el hecho de ser el centro del deseo. El sexo no sería una industria si no tuviéramos mujeres modelos y actrices sexys o pornográficas, bailarinas exóticas y prostitutas. Recuerda que esto también es un patrón de estrés.

El sexo es una industria lucrativa que alimenta este patrón. Se encuentra en libros, revistas, películas, televisión, y vía Internet y teléfono. Las cárceles están llenas de violadores que sufren del aspecto eferente de este patrón. Muchos niños y adultos viven con el dolor emocional causado por el aspecto aferente de ese patrón, habiendo sido víctimas. No es extraño encontrar figuras públicas o religiosas que han sido perseguidas por estos patrones. Sería maravilloso si la gente pudiera reconocer que castigar por este patrón no lo resuelve. El patrón necesita estar considerado por lo que es, un desequilibrio de aferencia y eferencia. ¡Esto haría que no tuviéramos que encontrar formas de proteger a las victimas y castigar a los ejecutores, porque no existiría ninguno!

Para aquellos de vosotros que se están preocupando, no estoy sugiriendo que la actividad sexual vaya a parar de existir sino solo los aspectos negativos y compulsivos de este patrón, lo que dejaría espacio para una intimidad más profunda.

La Dinámica y el Abuso Aferente-Eferente

El patrón aferente es la víctima y el patrón eferente es el verdugo.

La aferencia se retira de la energía de la eferencia. El acto de apartarse induce a la eferencia a salir hacia fuera de manera negativa. La aferencia inicia y la eferencia responde. En el esquema negativo, la aferencia se retira y suele ser la victima y la eferencia reacciona y suele ser el ejecutor.

Todo esto ocurre a un nivel inconsciente, así que ninguna de las dos partes está realmente al tanto de las dinámicas que están en juego. Las víctimas de los ataques se sienten a menudo culpables. Dado su conciencia interna y aferente, se dan cuenta de que tienen un rol en esta dinámica.

Evidentemente, no estoy diciendo que la persona merece este ataque o que es culpable. Es el resultado de la relación negativa entre la aferencia y la eferencia. Ambos patrones son compulsivos y ambas partes están bloqueadas y sufren.

El abuso de niños suele ser dirigido hacia un niño o una niña en particular en la familia. Este niño o niña es habitualmente el más aferente, provocando el ataque del miembro de la familia más eferente. Recuerda que las personas adoptan una orientación según la relación que tienen uno con el otro. Por ejemplo, un hombre que es aferente en relación a su mujer puede ser eferente en relación a un hijo o una hija que es más aferente que él.

EL PATRÓN DE LA IMAGEN

El patrón de la imagen es el patrón de la humanidad mirando hacia fuera de uno mismo, buscando salvación, dirección o curación.

Mi intención aquí es daros la esencia general de ese tema para que podáis comprender el pensamiento detrás de los principios y la práctica.

Robert entra en mucho más detalles en su colección de "Introductory Articles" (Artículos Introductorios). Robert observó que el tiempo, el espacio, nuestro universo y la humanidad fueron creados desde la separación de la aferencia y la eferencia; desde la unión hacia la dualidad. No estaba seguro si esta separación ocurrió por accidente o por elección, como si se tratara de un medio para corregir un fallo en el modelo general.

> "
> ... Aferente y eferente. Estos dos nombres nos procuran un "canal" de pensamiento desde el inicio de la causa del estrés--- a veces desde el inicio de los tiempos. Para analizar esto en detalle, lo único necesario en primera instancia, fue la capacidad de crear el símbolo.
> —Robert St. John
> "

Debido a la separación, la eferencia se alejó de la aferencia y se expandió hacia fuera. Esto creo el tiempo, el universo y la vida tal y como los conocemos.

La creación del tiempo permite que estrés viaje a lo largo del tiempo, a través de los patrones genéticos y kármicos. Éstos últimos, se encuentran en el espacio-tiempo y afectan a la humanidad desde sus comienzos. Los patrones genéticos han sido transferidos a través de nuestros genes parentales y también influyen desde el inicio de los tiempos.

La separación de la aferencia y de la eferencia creó una disfunción entre ambos y es el comienzo y el primer patrón de estrés de la humanidad. Todas las perturbaciones que experimentamos de forma individual o colectiva se deben a la tensión entre las dos.

El patrón de la imagen es el resultado de esta separación. Como la eferencia se alejaba, ésta se expandía hacia fuera. Como resultado, la aferencia (conciencia), al permanecer quieta, quedaba más retirada. Con la quietud de la aferencia, la eferencia omenzó a crear la consciencia desde la imagen de o, en la memoria, de la aferencia. Dada la naturaleza de la eferencia, ésta creó la imagen de la aferencia fuera de si misma. Se convirtió en la base de la religión, una mirada hacia un ser superior, fuera de uno mismo, en busca de salvación y dirección. También se convirtió en la base de la estructura jerárquica en donde buscamos expertos afuera y, superiores a nosotros, para curarnos.

Un comentario al respecto: cuando Robert impartía una temática, utilizaba con frecuencia las metáforas. Consideraba la separación de la aferencia y de la eferencia como una analogía y no como un evento concreto. En otras palabras, esta temática no busca convertirse en una historia de la creación ya que, lo realmente importante, es la comprensión de la relación entre la aferencia y la eferencia.

Es útil recordar que Metamorfosis mira hacia lo más grande de la vida, aportando esta conciencia en tu visión, para que puedas aplicarlo en tu práctica. Siempre hay una parte de "misterio" en la vida que no necesitamos agarrar. Se trata de crear una conciencia en ti mismo que abra la puerta, por decirlo así, a la creación de un equilibrio interior entre la aferencia y la eferencia.

El Patrón de la Imagen en la Espiritualidad y la Religión

Estamos conectados naturalmente, y en todo momento, a la conciencia de la vida y a nuestra inteligencia interna, aunque no lo sintamos, ni lo recordemos, ni lo sepamos. Debido a nuestros bloqueos, experimentamos una separación de la conciencia y la solemos buscar fuera de nosotros.

Reflexiona sobre el carácter de la religión y de la espiritualidad en relación con el hecho de mirar hacia fuera de tu ser para ser guiado y salvado. La religión venera un dios, varios dioses o una figura honorada. De forma habitual conlleva un dogma o una disciplina que, generalmente, requiere de una negación del placer o una represión de los esquemas "negativos".

El movimiento de la Nueva Era a menudo es parte del patrón de la imagen. La gente mira al Gran Espíritu, al Universo, a la Divinidad,

> *La naturaleza es la más cercana se puede llegar a estímulos en forma física. Esto es por belleza natural es tan inspiradora..*

o hacia otros dioses, seres o dimensiones. Frecuentemente se buscan Gurús, maestros y personas que canalizan a otros seres y universos.

No estoy sugiriendo que ninguno de los mencionados aquí arriba no exista, o que no tengan valor o propósito. Se trata más bien de darnos cuenta de cómo nos observamos separados de la conciencia.

De forma natural, estamos conectados a la fuente de una conciencia superior. Nuestros bloqueos crean una sensación de separación pero, en realidad, no lo estamos. La idea con la Metamorfosis es que en el momento en el que te acercas a un equilibrio de aferencia y de eferencia, tus bloqueos se liberan y reconoces que estás conectado a una conciencia más elevada. Este es el momento en el que tu vida realmente comienza a cambiar.

La gente suele preguntar si necesitan abandonar sus creencias espirituales o religiosas para practicar Metamorfosis. La práctica de Metamorfosis invita a pensar por uno mismo y anima a la mente a que se independice de dogmas o pensamientos condicionantes. Siempre es una buena idea observar la naturaleza de los pensamientos que hay detrás de tus creencias y la intención con la cual deseas trabajar, para que tus elecciones sean hechas con mayor conciencia. Tómate el tiempo de ver realmente las perspectivas, modalidades y filosofías en tu vida para determinar si están realmente alineadas con la manera en la que deseas abordarlas.

Robert solía decir que las personas "sueltan las cosas" cuando están listos para ello. Esto incluye a los profesionales de Metamorfosis dado que pueden trabajar consigo mismos.

Percibo esta temática, como el hecho de encontrar un equilibrio entre honrar una conciencia superior y la responsabilidad personal. Para mí, es el equilibrio entre la aferencia y la eferencia. Este es el equilibrio que se necesita para una transformación global. Cuando toda forma de vida reconozca y experimente esta conciencia, nuestro planeta se transformará.

> *Aunque Metamorfosis es una actitud de la mente y es muy fácil de utilizar, hemos estado doctrinados durante siglos por estructuras de pensamientos religiosas, filosóficas y educativas, de tal forma que nuestra habilidad de pensar y de funcionar desde el nivel de pensamiento, ha estado atado a estas mismas estructuras y no hemos sido libres de "pensar" desde nuestra propia inteligencia interior. Necesitamos algún ritual para desactivar los pensamientos de dichas estructuras. Esto, en principio, es Metamorfosis. Lo que la práctica física de Metamorfosis aporta, es un símbolo para la mente con el objetivo de cambiar todo el adoctrinamiento del pasado y "convertirse" en el presente.*
> —Robert St. John

Practico Metamorfosis como la herramienta principal para aumentar la conciencia. Aprecio el énfasis sobre la responsabilidad personal así como la simplicidad de la práctica. Veo Metamorfosis como la confianza en la inteligencia innata para conectarse con la conciencia más elevada, y de esta forma, crear salud y una vida más satisfactoria.

Recuerda que ahora estamos viviendo tiempos muy excitantes, donde existen más opciones que nunca para ayudarnos a conectar con nuestro guía interior. Metamorfosis es una manera agradable y simple de conseguirlo. Metamorfosis no trata de convertirse en un sistema de creencias, ni de remplazar los existentes. Más bien, se trata de liberarte de pensamientos condicionantes y de vivir plenamente en el ahora.

El Patrón de la Imagen y la Naturaleza de la Sanación

Desde el inicio de los tiempos, la humanidad ha buscado una fuente externa para curarse, sea con un acercamiento convencional o alternativo.

Esta sección te invita a considerar la naturaleza de la sanación en general, para que cuando tomes decisiones en relación con tu salud y bienestar, lo puedas hacer con mayor consciencia.

La perspectiva de Metamorfosis es que nuestra inteligencia interna tiene la habilidad de sanarse desde nuestro interior. La sanación es una respuesta natural a la creación de un equilibrio de aferencia y eferencia, y no el objetivo en sí. Esta noción es importante para entender la intención de Metamorfosis.

Para entender como la intención se utiliza en las artes de sanación, es útil observar el pensamiento detrás de los distintos acercamientos. Comienza a mirar el alcance de la intención en otras técnicas. Los reflexólogos suelen preguntarse porqué no experimentan cambios en todas las áreas de sus vidas dado que ellos trabajan con los puntos reflejos de la columna vertebral. Aunque la reflexología no tiene en sí misma el patrón de la imagen, dado que reconoce que el cuerpo es auto-sanador, es limitada por el alcance de su intención. Cuando se usan los puntos reflejos con la intención de sanar a un nivel físico, experimentarás cambios a nivel físico.

La gente intenta a menudo mezclar Reflexología y Metamorfosis. Esto no funciona porque las intenciones son diferentes, y se percibe claramente por el hecho de que sus mapas son distintos.

La Metamorfosis y la Reflexología solamente comparten el concepto de los puntos reflejos. Metamorfosis utiliza los puntos reflejos de la columna vertebral como símbolos del esquema prenatal y del tema de Metamorfosis. Esto te permite crear un equilibrio interior entre aferencia y eferencia. La intención de Metamorfosis es de liberar los patrones subyacentes que crean nuestras perturbaciones individuales y globales. Aunque ambas prácticas usan el concepto ancestral de los puntos reflejos, tienen diferentes mapas, diferentes intenciones y, en consecuencia, distintos resultados.

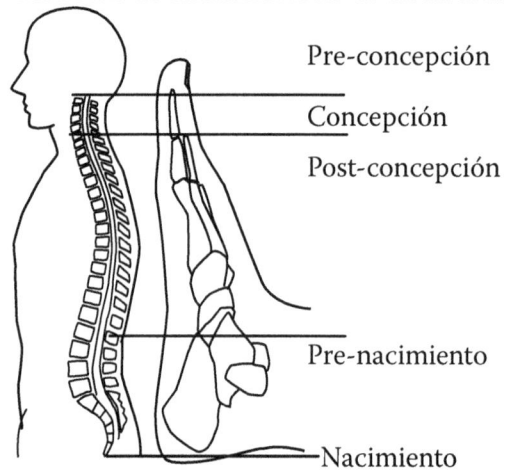

Pre-concepción
Concepción
Post-concepción
Pre-nacimiento
Nacimiento

La Reflexología, como algunos otros acercamientos, reconoce que el cuerpo es auto-sanador. Con Metamorfosis, reconocemos que la inteligencia innata es capaz de cambiar nuestras actitudes mentales, lo que crea un acercamiento más positivo hacia la vida y nos permite dejar de crear molestias, sufrimiento y conflicto. En lugar de trabajar con el cuerpo, trabajamos con las actitudes subyacentes que crean disfunciones, desarmonía y enfermedades. Aunque esto pudiera parecer tan solo buenas palabras, es la sintonización de tus intenciones la que determina la naturaleza del resultado.

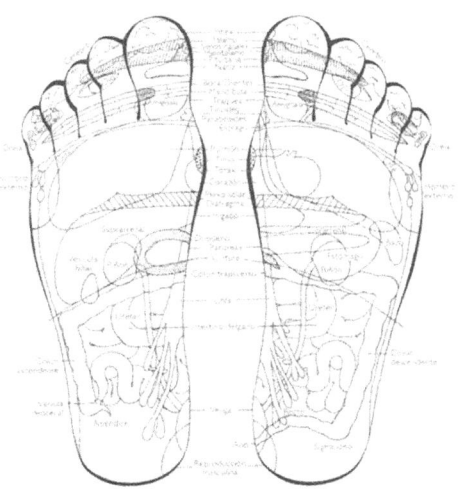

Considera los distintos tipos de intención en relación al tratamiento de los síntomas. Al tratar los síntomas mentales, emocionales, de comportamiento, espirituales o físicos, creamos un abanico de técnicas, cada una de ellas limitada en el alcance de sus intenciones. Cuanto más se complica el proceso de sanación, menos efectivo suele ser.

Reflexiona sobre el alcance de la intención en relación al tiempo. ¿Hasta dónde en el pasado mira la práctica: hasta la infancia, hasta el nacimiento, hasta la concepción o a hacia una vida pasada? El alcance en la intención para Metamorfosis vuelve hacia atrás, hasta la creación del tiempo, del espacio y de los primeros patrones de estrés de la humanidad. Dichos patrones, atraviesan el tiempo mediante esquemas genéticos y kármicos. Desde esta perspectiva, dirigirse a un momento concreto en el tiempo es sintomático.

La mayoría de las terapias tienen como objetivo re-condicionar la mente con el dialogo, afirmaciones y trabajos de regresión, que muy a menudo depende del intelecto y del talento del terapeuta. Metamorfosis des-condiciona la mente en lugar de re-condicionarla, dejando partir nuestros patrones limitantes para que podamos funcionar de manera óptima en todos los niveles. La idea aquí es que, a medida que el patrón subyacente se va, el estrés y el trauma asociado ha dicho patrón también se libera. Cuando des-condicionamos la mente, comenzamos realmente a pensar por nosotros mismos, con una mente más independiente.

La gente pregunta frecuentemente si necesita dejar de recibir otro tipo de tratamientos mientras reciben Metamorfosis. La idea es incrementar tu nivel de conciencia, no abandonar algo que encuentras útil o que te ayuda en la vida.

Robert dijo que, en general, acudir a una técnica a la vez es más eficaz. Esto te da el tiempo necesario para completar el tratamiento, dado que muchos de ellos siguen funcionando tras su finalización. Otro beneficio es que puedes fácilmente constatar lo que está funcionando. Si una técnica no ayuda, entonces pruebas otra.

Las artes de sanación se han vuelto muy eclécticas. Algunos profesionales mezclan varias técnicas juntas en un mismo tratamiento y los clientes reciben varias modalidades diferentes en un corto periodo de tiempo. Mezclar modalidades, a menudo, crea caos.

Como he dicho antes, es siempre útil considerar la naturaleza de lo que has decidido hacer. Robert sugería que recibes mayor beneficio con el tratamiento de Metamorfosis si no tocas otras modalidades al mismo tiempo. Esto incluye mezclar modalidades en un mismo tratamiento, como recibir otras modalidades a lo largo de la duración de los tratamientos de Metamorfosis. Recuerda que, aunque esto era su percepción, él no estaba a favor de decirle a la gente lo que tenían que hacer.

A mí, me ayuda hacer lo que me parece justo en cada momento. He comprendido mejor la naturaleza de la sanación en general, simplemente reflexionando sobre los principios y la práctica detrás de otras modalidades y observando cómo me sentía cuando las recibía. Evidentemente, observar aumenta la conciencia.

Es útil observar cuál es tu motivación cuando eliges una técnica de sanación. La motivación a la hora de recurrir a una técnica o a un producto para aliviar temporalmente un síntoma, es diferente que utilizar la técnica o producto para sanar en el nivel sintomático. ¡Piénsalo un momento!

Sanar es realmente bastante simple y no tiene necesidad de ser trabajado de varias formas al mismo tiempo. Te animo a explorar esta idea, a medida que obtienes un entendimiento más profundo de la naturaleza de la sanación, la motivación y la intención.

Recuerda que una de las observaciones de Robert fue que en los primeros esquemas de sufrimiento, enfermedades y desarmonía de la humanidad, realmente, nunca ha habido cambios. Por este motivo, usar una técnica de sanación que responde al patrón de la imagen destruye la intención de Metamorfosis. Puedes obtener un cambio sintomático profundo mezclando Metamorfosis con otros acercamientos, pero la relación negativa de aferencia y eferencia sigue siendo la misma. Esto conlleva que, colectivamente, seguimos todos en el mismo barco.

Recuerda que Metamorfosis no es un milagro que lo cura todo. En teoría, podemos cambiar, simplemente, si lo decidimos. Con frecuencia, existe una resistencia inconsciente al cambio, debido a la tensión entre la aferencia y eferencia dentro de uno mismo. A veces nuestros patrones se liberan muy rápidamente y, en otras, toman su tiempo.

El Patrón de la Imagen en la Nutrición, la Adicción y la Enfermedad

• *Nutrición y Régimen*

La comida esta fuera de uno mismo, y aun así somos dependientes de ella para nuestra supervivencia.

Un tema interesante a considerar es la nutrición o el régimen alimenticio. Los alimentos que eliges comer afectan tu bienestar. Puedes mejorar tu salud comiendo bien, tarea a menudo demasiado grande para mucha gente. Las personas que han intentado cambiar su régimen por exceso de peso o por motivos de salud conocen el desafió que es tener que dejar de ingerir comida y alimentos que les gustan y que anhelan.

En Metamorfosis, la idea es que cuando vuelves al equilibrio, de forma natural desearás alimentos que son sanos y que estén bien para tu cuerpo específico. La diferencia será que no habrá lucha o esfuerzo involucrado para cambiar tu régimen. No es el objetivo principal, porque sería un acercamiento sintomático, pero es una consecuencia. Si te paras a pensar, imagina que la gente estuviera en equilibrio, no les apetecería comer alimentos que no sean sanos o naturales. Tenemos tendencia a comer en alineación a nuestros esquemas. ¿Has notado alguna vez que cuando estás estresado, comes mucha más comida basura? La forma en la que elegimos comer a diario sigue el mismo principio, pero el estrés es inconsciente, debido a nuestros patrones subyacentes. Así, no nos damos cuenta de lo que nos motiva a la hora de elegir nuestras comidas.

- *Adicciones*

La adicción es la necesidad compulsiva de tener que depender de algo externo como medio para poder manejar nuestro inconsciente estrés interno.

La adicción puede ser a la comida, al chocolate, a la cafeína, al tabaco, al alcohol, a la droga, al sexo, al trabajo u otros. La naturaleza de la adicción

¡Patrones de supervivencia!

es la misma, independientemente del vicio que sea. La persona no suele ser dependiente a nivel físico, sino más bien, está sujeta a un patrón compulsivo para poder manejarse. La sensación de necesidad es real, pero la necesidad viene de un mecanismo de supervivencia y no del vicio elegido. Cuando volvemos a un equilibrio, no necesitamos depender de cosas externas para desenvolvernos. Los antojos y el comportamiento simplemente desaparecen sin esfuerzo.

En general, Robert decía, "disfruta de tu pecado", lo que significaba que si vas a implicarte en una actividad, por lo menos, disfruta de ella. La mayoría de nosotros tenemos un vicio que nos gustaría sobrepasar y que, sin embargo, caemos en él, preocupándonos frecuentemente antes, en el momento y después de haber caído. ¡Y seguimos haciéndolo! Sin embargo, si lo haces y disfrutas de ello, te quitarás la presión. Y una vez que hayas terminado, podrás trabajar contigo mismo tratando el patrón de estrés subyacente. (¡Esta es la clave!)

Puedes realizar muchos esfuerzos y tener mucha determinación al intentar dejar este patrón adictivo, pero a menudo sin éxito a largo plazo. Esto es porque hacer un régimen o, forzarse a no beber, no suele funcionar. Aunque consiguieras dejar el vicio, en la mayoría de los casos, lo remplazarías por otro, porque el patrón subyacente no ha sido tratado.

Metamorfosis es una buena alternativa a esta lucha. Una vez que el patrón subyacente ha desaparecido, también lo será el comportamiento compulsivo. Lo he experimentado en mi misma. Cuando tenía catorce años, empecé un patrón muy duro consumiendo/abusando de alcohol, drogas y tabaco que duró doce años, momento en el cual descubrí Metamorfosis. Era muy compulsiva, bebía muchísimo y cuando había bebido, continuaba hasta quedarme inconsciente, lo que conseguía regularmente. Después de recibir tratamientos de Metamorfosis, la necesidad compulsiva de todas esas substancias desapareció.

El hecho de observar cómo este patrón desapareció tan fácilmente de mi vida, me inspiró a aprender este trabajo y es el motivo por lo cual estoy tan apasionada con ello. Dieciocho años después soy capaz de disfrutar bebiendo en ocasiones, sin ninguna repercusión, y nunca más he experimentado el deseo de drogarme o de fumar desde entonces. Es contradictorio a las creencias habituales sobre las adicciones. Es posible salir de este patrón y no tener que luchar contra ello durante el resto de tu vida.

A veces, existen adicciones físicas que, según la situación, generan un contexto diferente. Puede que requiera esfuerzo y desintoxicación, pero aún así, Metamorfosis puede ayudar con el patrón general. En ocasiones, la gente cree que tienen una adicción física porque su deseo es muy fuerte, pero puede que sólo sea la naturaleza compulsiva del desequilibrio. Si este es tu patrón, tendrás que definir el mejor camino por donde seguir.

- *Enfermedades físicas y molestias*

Solemos buscar fuera del ser, maneras de aliviar dolores y de curar enfermedades.

La idea con Metamorfosis es que la tensión subyacente en la columna vertebral irradia y perturba lo que hay en esta región. Esto explica porqué los productos y tratamientos que se aplican a los problemas físicos suelen producir un alivio temporal.

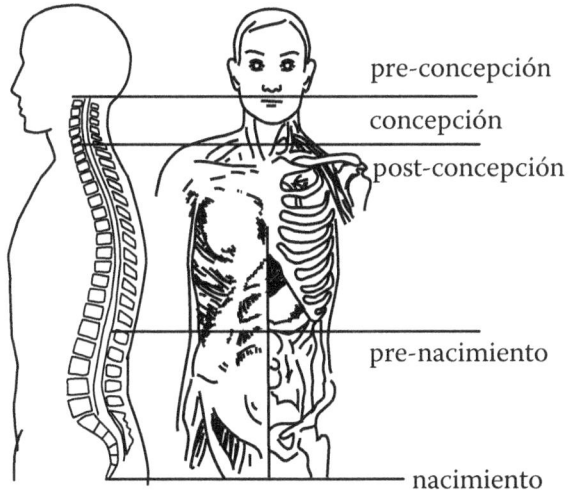

Este diagrama muestra como el estrés subyacente en la columna vertebral irradia hacia fuera y afecta el cuerpo físico. Es una re-creación de uno de los diagramas de St. John

Una tensión en la zona de la pre-concepción de la cabeza, puede crear molestias o enfermedades en relación a la ésta, al cerebro, a las orejas, a los ojos, a la nariz y a los senos nasales.

Una tensión en la zona de la concepción de la columna vertebral puede irradiarse y crear molestias o enfermedades en relación con la mandíbula, la boca, la garganta y el cuello.

Una tensión en la zona de la post-concepción de la columna vertebral puede irradiarse y crear molestias o enfermedades en relación con los hombros, la zona superior o media de la espalda, las costillas, los brazos, la caja torácica, los pulmones, el diafragma y el corazón.

Una tensión en la zona del pre-nacimiento de la columna vertebral puede irradiarse y crear molestias o enfermedades en relación a la parte lumbar, las caderas, el sacro, los aparatos digestivo, excretor y reproductivo. Un estrés en esta zona puede dar como resultado molestias en la menstruación.

Una tensión en la zona de nacimiento de la columna vertebral puede irradiarse y crear molestias o enfermedades en relación con el cóccix, las piernas, las rodillas, los tobillos y los pies.

En relación con la columna vertebral, el estrés subyacente causa que las vértebras cervicales, torácicas y lumbares, el sacro y el cóccix se salgan de su alineamiento. Una preocupación mental crea tensión muscular y hace que los músculos se contraigan y tiren de las vértebras sacándolas de su alineamiento natural. Aquellos que sufren este problema, saben que siempre es la misma vértebra la que se sale de su alineamiento, y esto ocurre, porque el patrón subyacente no ha sido tratado. El cuerpo se ajusta por si mismo cuando ya no quedan tensiones subyacentes que inhiban este proceso natural.

Es habitual tener accidentes o heridas en zonas donde existe estrés subyacente. El cuerpo esta hecho para auto-sanarse. Pero posiblemente no nos curamos completamente si quedan tensiones subyacentes que impiden este proceso natural.

- *Aferencia-Eferencia y Salud Dañada*

La perspectiva de Metamorfosis considera que las enfermedades y los sufrimientos están causados por la tensión entre la aferencia y la eferencia. Si la enfermedad es mental, sería considerada de naturaleza aferente. Si la enfermedad es física, sería considerada de naturaleza eferente. Evidentemente, no es necesario analizar la enfermedad pero es útil tener un entendimiento del carácter negativo de la aferencia y la eferencia. He listado más abajo algunos patrones para que puedas empezar a ver cómo la enfermedad se manifiesta desde esta perspectiva.

Ataques de ansiedad/pánico: la ansiedad está generada y alimentada por pensamientos negativos, habitualmente inconscientes. Dichos pensamientos negativos suelen ser en relación a uno mismo. Estos pensamientos negativos constantes y la energía nerviosa retraída son aferentes por naturaleza. Un ataque de pánico ocurre cuando la mente interpreta estos pensamientos como una amenaza real provocando una reacción física, invadiendo el cuerpo con adrenalina.

Fatiga crónica: es un retraimiento crónico de tipo aferente de la acción (eferencia) de la vida. Solo pensar en la acción, como levantarse del sofá o de la cama, puede ser agotador.

Desorden bipolar o maniaco depresivo: es un intercambio extremo de polaridades entre aferencia y eferencia.

Recuerda que Metamorfosis no tiene como objetivo el curar. Si tienes un problema serio, tendrás que decidir que acción necesitas tomar.

Aferencia-Eferencia y la Dinámica Global

AToda vida en ese planeta, incluyendo los animales y el entorno, está sujeta a, o afectada por, la tensión entre la aferencia y la eferencia.

La dinámica negativa de aferencia y eferencia se sitúa detrás de todo tipo de guerra o desarmonía en nuestro planeta. Reflexiona cómo este desequilibrio afecta a cada ser vivo. Muchos animales están sujetos a la domesticación, cautividad, ganadería industrial o las investigaciones biológicas. Una gran parte del entorno está sujeto a la polución, la explotación minera, la urbanización, la investigación nuclear, la ingeniera genética y el calentamiento global, por nombrar solo algunos.

La eferencia tiene a menudo buenas intenciones incluso si las acciones pudieran parecer inconscientes. La ganadería industrial produce una gran cantidad de comida para una populación creciente. Pruebas con animales ayudan a encontrar curas para las enfermedades. Si la humanidad en su globalidad estuviera en equilibrio, no tendríamos sobre-populación o enfermedades que necesiten tratamiento. No estaríamos inclinados a buscar soluciones que implican dolor y sufrimiento.

Tanto los países como las personas tienen relaciones entre ellos que también están sujetas a la dinámica negativa de la aferencia y la eferencia. De la misma forma que a nivel personal, la dinámica de la eferencia ataca a la aferencia en un nivel global. Los países más eferentes suelen atacar e invadir los países que son más aferentes que ellos. Aún siendo un país pequeño a nivel geográfico, Inglaterra conquistó muchos países y culturas diferentes a lo largo de la historia.

Los países reflejan la orientación general de la tierra y de sus habitantes. Observa el tipo de animales locales, dado que éstos reflejan qué tipo de orientación tiene esta tierra. Como en las personas, los animales aferente-orientados suelen ser vegetarianos y los animales eferente-orientados suelen ser carnívoros.

Australia es muy aferente, con nativos aborígenes que son una raza extremamente aferente. A pesar de que los aborígenes son una raza ancestral, nunca crearon ningún tipo de estructura permanente. Contrariamente, la cultura australiana afectada por la aferencia de la tierra, frecuentemente produce un falso "machismo".

Observa las características de la psique y de la cultura de cada país. Por ejemplo, países como Inglaterra, Holanda, Alemania y Estados Unidos tienen una orientación eferente. Los países que valoran el capitalismo, la tecnología y el valor de la guerra y de las armas son de naturaleza eferentes.

Mira hasta que punto Hollywood tiene influencia a nivel mundial. Hollywood es el epítome del patrón de la imagen, dado que las películas son una imitación de la vida. Los Estados Unidos, a través de Hollywood, influencian una gran parte del mundo con su cultura y sus puntos de vista. Además, Estados Unidos frecuentemente impone su política y su agenda a los otros países.

La Salida de los Patrones Negativos de Aferencia y de Eferencia

Puedes pasar una interminable cantidad de tiempo y energía apoyando buenas causas, teniendo muchas en donde elegir, pero en su globalidad nada cambia realmente. Los patrones subyacentes encontrarán una nueva salida, con nuevas causas, nuevas victimas y nuevos salvadores. El ciclo no se termina de esta manera.

Cuando trabajas contigo mismo a un nivel profundo, estás aportando cambio en el patrón general negativo de la aferencia y de la eferencia. Cuantas más personas comiencen a trabajar en este nivel, más fácil será que los patrones subyacentes que crean desarmonía, sufrimiento y enfermedades dejen de existir.

En 1993, Robert pudo observar que la aferencia y la eferencia estaban volviendo a sus estados originales. (Ver el apéndice "El Humano Funcional" al final del libro para tener la lista de las fechas relevantes). La eferencia, que ha sido dominante desde el principio de la existencia humana, ahora está sujeta otra vez a la aferencia. Como resultado, la aferencia como conciencia es una luz que aclara los patrones negativos de la humanidad, por decirlo de alguna forma.

> Trabajar en tus propios patrones es la forma más efectiva de crear paz y armonía personal y global.

A medida que entramos en el siglo veinte y uno, nos movemos de la era de piscis a la era de acuario. Como la eferencia se resiste a ello, los patrones de la humanidad están saliendo a la superficie, causando desastres, caos, agitación y levantamientos. Metamorfosis está aquí para ayudarnos con esta transición. Robert solía decir que el caos a tu alrededor te influye menos cuando tienes un buen equilibrio de aferencia y eferencia. A medida que individualmente dejamos los patrones del pasado, nos moveremos a nivel colectivo hacia una existencia más consciente y más pacifica.

Es útil entender las características positivas y negativas de la aferencia y de la eferencia, sus dinámicas de relación, y los patrones que crean. Darse cuenta de la naturaleza compulsiva de los patrones permite tener más compasión por ti y por los demás. A medida que entendemos la naturaleza de nuestros propios patrones, tendremos más amor incondicional y compasión para otros, al comprender que todos tenemos patrones desafiantes. También es útil para padres, comprender la dinámica aferencia-eferencia cuando tomen decisiones para sus hijos.

Le gente suele tener prisa por ser algo "mejor" de lo que son, y no siempre aprecian lo que ya son. Entender que no somos nuestros patrones, reduce la necesidad de ser algo o alguien diferente.

En definitiva, la Metamorfosis trata de amor incondicional, algo que todos apreciamos recibir pero que a menudo nos cuesta dar. Juzgar es eferencia negativa y el contrario es el amor incondicional. Si tuviéramos menos juicios hacia los patrones con los que lucha la humanidad, podríamos posicionarnos mejor para dejarlos partir. Encuentro muy útil mirar a las personas con sus patrones, en lugar de etiquetarlos con problemas.

En resumen, los patrones de abuso, disfunción, enfermedad y sufrimientos han existido en el planeta desde el principio de los tiempos. En el momento en el que tratas los patrones universales dentro de ti, también estás afectando a la calidad de vida en este planeta. Esto significa que lo mejor que puedes hacer para ayudar a los demás, a los animales, al entorno y a la desarmonía global, es trabajar contigo mismo.

La Práctica

Utiliza tu intuición al mismo tiempo que trabajas, deja que sean t us manos las que te guíen y no tu mente

La práctica de Metamorfosis es muy simple. Los principios y conceptos elaborados anteriormente son inherentes en tu decisión de practicar Metamorfosis. Esto permite al practicante estar presente simplemente con la persona que recibe el tratamiento. Metamorfosis no es verbal y ni directivo.

La práctica de Metamorfosis incluye acariciar los puntos reflejos de la columna vertebral en los pies, manos y cabeza, así como trabajar directamente con la columna vertebral. Los símbolos de manos también son parte de la práctica. Para distinguir, cuando me refiero al trabajo con los pies, las manos, la cabeza y la columna vertebral hablo de de la práctica con aplicación de manos.

Robert observó que estamos en correspondencia con la vida principalmente de tres maneras: pensando, haciendo y moviéndonos. Lo denominó el principio de correspondencia. De esta forma, para dirigirnos a todos los modos de interacción con la vida, trabajamos en los puntos reflejos de la columna vertebral, en los pies, las manos y la cabeza.

La columna vertebral es el centro del cuerpo. Los pies, las manos y la cabeza son una prolongación de la columna vertebral hacia fuera. Ésta engloba todo lo que ocurrió durante la gestación, especialmente, las actitudes de la mente que crearon la persona que somos hoy en día. Estas actitudes mentales fueron creadas desde nuestros patrones genéticos y kármicos que quedaron grabados en el momento de la concepción.

Cuando practicamos Metamorfosis, permitimos que el tratamiento transcurra, de la misma manera que dejamos que la liberación suceda. Esto quiere decir, que ni dirigimos el tratamiento, ni tenemos el objetivo de sanar. Tener la intención de curar es un acercamiento sintomático. Cuando tratamos el desequilibrio de la aferencia y de la eferencia, la sanación es simplemente la consecuencia, la respuesta. (Recordar: la palabra sanar se usa en este libro refiriéndose a la creación de una relación más sana, más feliz y más creativa con la vida). Es importante para mí clarificar este punto porque Metamorfosis no trata de "sanar". Metamorfosis trata de "crear" salud, armonía, alegría…, la vida que deseas. Como practicante, es importante que tengas claro la diferencia en estas intenciones.

Durante la práctica de aplicación de manos de Metamorfosis, cuando pones tu(s) dedo(s) sobre o encima de un punto reflejo de la columna vertebral, pones toda tu atención allí. Y es este hecho, el que apela a la inteligencia innata de la persona que recibe, hacia un bloqueo o un patrón escondido.

Me gusta usar la analogía de tener una linterna; estás simplemente llamando la atención/conciencia de un bloqueo. Es la inteligencia innata y más elevada de la persona la que determina la respuesta.

Me gusta empezar un tratamiento diciendo "hola". Pongo suavemente mi mano en su pie, mano, cabeza o columna vertebral, mientras nos acostumbramos y nos sentimos cómodos juntos. Metamorfosis trata los problemas de fondo dentro de la persona, así que es conveniente establecer un contacto al comenzar. A continuación, sintonizarte te permite saber dónde trabajar, cuánto tiempo trabajar y qué tipo de presión o toque vas a utilizar, si fuera el caso. Esto incluye, dónde comenzar, ya sea en los pies, en las manos, en la cabeza o en la columna vertebral, así como con qué puntos reflejos vas a iniciar. No es posible enseñar a la gente cómo sintonizar de otro modo salvo sugerir que prestes atención conscientemente a los puntos reflejos hasta que ya no se necesite.

Puedes practicar la sintonización sujetando un pie, pasando tus manos sobre los puntos reflejos de la columna y prestando atención a lo que sientes. Puede que desees cerrar tus ojos, si te resulta más fácil. Comenzarás a tener sensaciones sobre el lugar en donde la tensión te está llamando e iniciarás el tratamiento, sin juicio ni análisis. Al mismo tiempo que te relajas y dejas actuar tus manos o tu intuición interior en lugar de tu mente, cada vez te será más natural sintonizarte. Se trata de confiar en tu intuición.

Ya hemos hablado del tema global y de la intención. Ahora es tiempo de soltarlo y simplemente practicar Metamorfosis. ¡Confía n que lo puedes hacer, te vas a sorprender!

Las páginas siguientes explican dónde y cómo trabajar.

LOS PIES

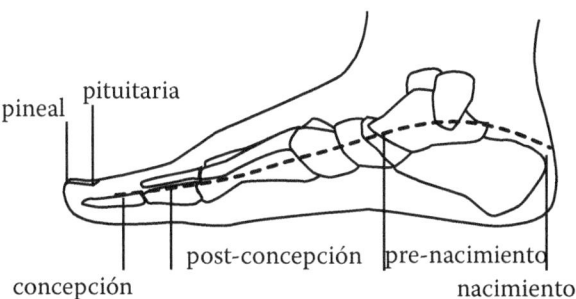

La práctica con aplicación de manos incluye trabajar los puntos reflejos de la columna vertebral que están dibujados con la línea de puntos en el diagrama de arriba. Estos puntos se sitúan a lo largo de la parte ósea del borde interno del pie.

Trabajamos con los pies para tratar los primeros patrones de estrés. Los pies y las piernas son las extensiones de la cadera, la que nos mueve hacia delante en la vida. Los pies representan el principio de la acción, nuestra capacidad o incapacidad de movernos en la vida.

Para que sea cómodo trabajar en la zona del dedo gordo, es mejor sostener el pie con tu otra mano para no poner tensión en la articulación.

Rodear el Tobillo

Los puntos reflejos en el tobillo comienzan justo debajo del pequeño hueso redondo en la parte interior del tobillo y continúan atravesando hacia arriba en la conjunción pie-tobillo hasta el pequeño hueso redondo en la parte exterior del mismo.

.....Se considera al tobillo como el principio de la acción. Robert también se refiere a esta zona como a un "polisón psíquico". Recuerda que Metamorfosis mira el principio o la naturaleza de las cosas. El tobillo es un reflejo de la parte pélvica/cadera, donde se inician la acción y el movimiento. Un polisón era lo que portaban las mujeres en la cintura para que abultasen los vestidos por detrás. Robert, en su uso frecuente e inteligente de las palabras, usó el termino "polisón psíquico" como una analogía de todo aquello de lo que no queremos ocuparnos y que, en un cierto sentido, hemos barrido fuera de nuestra vista.

El principio de la acción representa nuestra capacidad de movernos hacia adelante. A veces, tenemos ideas que no podemos poner en marcha. En otras ocasiones, nos sentimos atascados; como si no hubiera suficiente facilidad para moverse en la vida. Cuando no podemos poner en marcha nuestras ideas o a nosotros mismos, posiblemente el principio de la acción esté bloqueado. Se puede mostrar físicamente con problemas en la cadera, las piernas, las rodillas, los tobillos o los pies.

.....Puede ser una buena idea verificar los tobillos antes de trabajar para ver si están congestionados. Para ello, pongo mi mano en la zona del tobillo y percibo las sensaciones que me muestra. Cuando el principio de la acción está muy congestionado, éste no nos deja la posibilidad de liberarnos de nuestros patrones.

La congestión puede percibirse como algo pesado o caótico o puedes sentir que tus manos se sienten pegadas a esta zona. Si sientes la zona del tobillo congestionada, querrás iniciar el tratamiento por aquí. Es aconsejable verificar esta zona antes de trabajar con alguien con un patrón extremo como el síndrome de Down. Si hay mucha congestión, podrás comenzar el tratamiento en los tobillos con tratamientos más cortos.

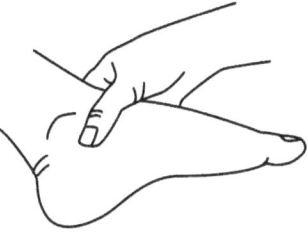

Características de los Pies

Los tejidos tensos, como consecuencia de los patrones de estrés subyacentes, tienen una reacción negativa a todo tipo de estrés que reciben. Robert se dio cuenta que esto ocurría a menudo con los pies. El escozor de tus zapatos en los tejidos tensos provoca una reacción negativa como juanetes, ampollas y otro tipo de problemas. Son tus patrones profundos, y no tus zapatos, los que causan las molestias que experimentas en tus pies.

Para considerar la naturaleza de estas molestias, es interesante observar en donde aparecen físicamente en relación con el esquema prenatal. ¿Que tipo de problema es? ¿La zona está seca, húmeda, infectada, o afectada de alguna forma? Por ejemplo, la sequedad es una falta de humedad. Como la humedad se ha retirado sería un problema de tipo aferente.

Las peculiaridades de las molestias en los pies de una persona son muy interesantes y nos dan a menudo indicaciones sobre su historia. Las molestias son como una pista física que nos indican donde se sitúa un estrés profundo. Recuerda que no significa que tengas que usar esta información para determinar dónde y cuánto tiempo trabajar. Interferimos el tratamiento cuando analizamos a la persona o intentamos dirigirlo. .

Algunos ejemplos para recapacitar:

- Las ampollas son burbujas húmedas que se crean desde la fricción. La humedad significa tensión emocional. La piel está expresando una reacción infeliz hacia la vida.

- Los callos crean protección, es piel sobre más piel. Observa el carácter de la zona donde se sitúan. Por ejemplo, los callos alrededor de los talones están en relación con el nacimiento. El nacimiento representa el principio de la acción. Como punto reflejo del nacimiento, podría también representar una tensión en relación a la madre, a la propia maternidad o a la capacidad de nutrirte a ti mismo o de nutrir a los demás.

- Los juanetes son hueso que se construye sobre hueso, lo que sugiere que la tensión es más enraizada que la piel sobre la piel. De manera general, observa donde se sitúa este problema en el pie. Un juanete comienza a formarse a la octava semana de gestación. Durante el embarazo, en la octava semana, es cuando nuestro sentido del ser se está desarrollando. Un juanete representa una tensión muy profunda en relación a cómo te sientes contigo mismo. Esta tensión suele ser inconsciente, aunque la persona puede aparecer como alguien que se sienta bien en su piel.

LAS MANOS

Trabajamos en las manos para tratar la habilidad de "hacer" o cumplir las cosas, así como la capacidad de manejar la vida, las emociones o asimilar un tratamiento de Metamorfosis recibido recientemente.

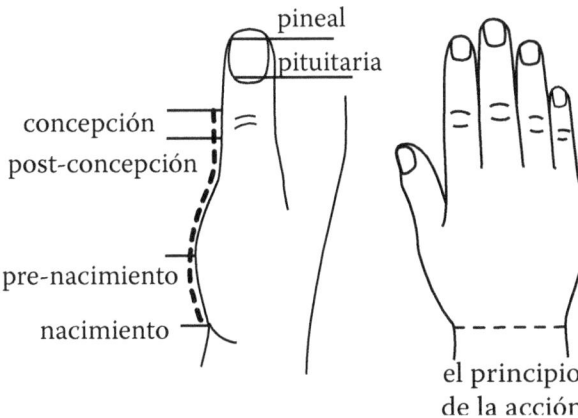

Las líneas de puntos representan los puntos reflejos de la columna vertebral. Mientras vas bajando por el lado interior de la mano sigue el borde óseo.

El dorso de la muñeca es el mismo principio de acción que el tobillo. Es la zona refleja de la pelvis/cadera, el principio de la acción y el "polisón psíquico", pero relacionado con el hecho de manejar y de hacer las cosas. Al igual que los tobillos, puedes chequear las muñecas para ver si están congestionadas antes de seguir trabajando con las manos.

Para que sea cómodo trabajar esta zona, es útil sostener el dedo gordo evitando de este modo que la articulación se tense

LA CABEZA

Trabajamos en la cabeza para tratar el nivel de tensión en relación al hecho de pensar. La tensión mental o la tensión en la cabeza pueden provocar dolores en ésta, sinusitis, excesivos pensamientos, preocupaciones y análisis, o enfermedades mentales.

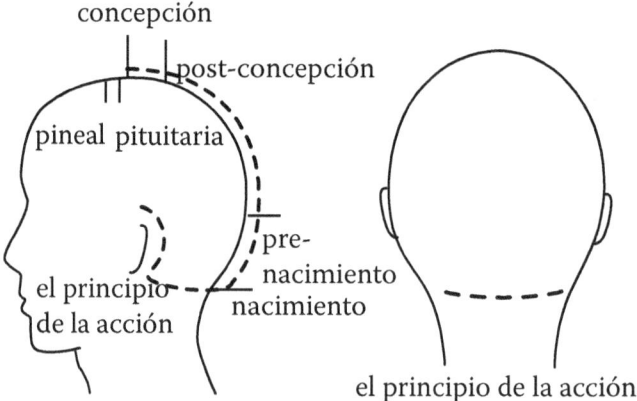

El sistema muscular refleja en una persona el grado de tensión mental subyacente. Es frecuente que la gente no pueda relajarse o permanecer relajado, incluso durante o después del masaje, por la tensión mental más que por la tensión muscular. Las personas con mucha tensión mental subyacente suelen sorprenderse de lo relajante que es el tratamiento de Metamorfosis.

Trabajar rodeando la base del cráneo es similar al trabajo con los tobillos o las muñecas; es la zona refleja de la pelvis/cadera y el principio de la acción, pero esta vez, en relación al hecho de pensar. Acompaña la parte ósea al borde de la base del cráneo y detrás de las orejas hasta el punto donde la parte superior de la oreja se junta con la cabeza. Puedes trabajar con un lado de la base del cráneo y después con el otro, o puedes hacer ambos al mismo tiempo utilizando las dos manos. Déjate llevar por lo que es más cómodo y apropiado en cada momento.

Así como con los tobillos y las muñecas, puedes chequear la base del cráneo para ver el grado de congestión que pueda haber antes de trabajar con la cabeza. Si hay mucha congestión presente puede que quieras iniciar el tratamiento en este lugar. Recuerda que no necesitas trabajar los tobillos, las muñecas y la base del cráneo en cada tratamiento. Como siempre, lo importante es sintonizarte.

Es importante tocar con mucha suavidad cuando trabajas en la cabeza porque es mucho más sensible de lo que parece. Puedes experimentar las sensaciones en tu propia cabeza.

LA COLUMNA VERTEBRAL

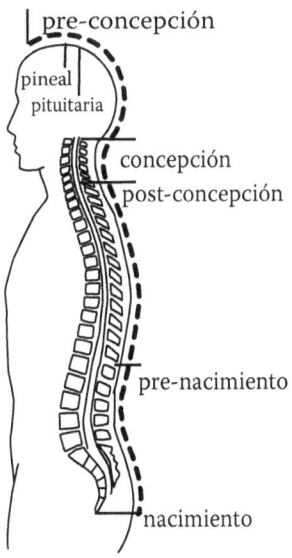

Robert decía en un principio que trabajar con la columna era principalmente para los animales. Al final de su vida, se hizo más receptivo a la hora de trabajar con la columna vertebral en las personas. Básicamente, decía que la columna vertebral era un acercamiento demasiado directo; que trabajar indirectamente era más eficaz, es decir, trabajar en la columna vertebral a través de los puntos reflejos de los pies, manos y cabeza.

Aunque estoy de acuerdo en trabajar lo más posible de manera abstracta, pienso también que el tema de Metamorfosis por si solo, ya es suficientemente abstracto para que la gente lo pueda entender desde el principio. Enseño a trabajar con la columna vertebral porque he notado beneficios en ello, a nivel personal y también al trabajar con los demás. Considero que aporta el grado de estructura que algunos necesitamos para poder empezar a involucrarnos con los principios de Metamorfosis.

Piensa sobre la naturaleza de la comunicación. La eferencia tiene la tendencia a ser directa y, por tanto, entenderá mejor una manera directa de comunicar. La aferencia tiene la tendencia a ser más indirecta y podrá entender mejor una forma indirecta de comunicación. Es útil entender que Metamorfosis es un medio de comunicación. Pero no significa que se tenga que usar para analizar o diagnosticar a una persona o para determinar dónde y cuánto tiempo trabajar en ella.

Te animaría a explorar el trabajo con la columna vertebral y a observar las distintas sensaciones. Experimenta la manera directa de trabajar con la columna vertebral en relación a la forma indirecta de trabajar con los puntos reflejos en los pies. Puede que se perciba la columna vertebral más tensa porque trabajas directamente en el esquema prenatal. Esto no significa que sea más poderoso, puesto que una sensación no implica que un tratamiento sea mejor o más eficaz.

Puedes encontrarte sin ánimo para trabajar en la columna vertebral, pero al hacerlo, ganarías conciencia sobre lo que significa trabajar con niveles estructurales. Cuanto más abstracto eres, menos estructura utilizas.

No importa si estás trabajando directamente en la columna vertebral, a la derecha o la izquierda, pero asegúrate de tomar contacto con la estructura ósea. Como siempre, la intención es lo más importante.

Puedes tocar la columna vertebral a través de la ropa o trabajar directamente en la piel desnuda. También puedes alejarte de la tela de la ropa o de la piel a unos centímetros por encima del cuerpo.

Cuando trabajo con el cóccix, suelo trabajar un poco por encima, sin contacto directo. La mayoría de la gente no se siente confortable cuando tocamos esa zona. Puesto que no me pueden ver, dejo mi otra mano en la parte lumbar de la espalda para que sepan que todavía estoy trabajando.

El esquema prenatal en los pies, manos y cabeza son puntos reflejos de la columna vertebral. El tobillo, la muñeca y la base del cráneo son puntos reflejos de la cadera. Trabajar en la cadera, como en la columna, es una forma de comunicación más directa. Los puntos reflejos de la cadera comienzan en la parte interior de la cresta de la cadera por encima del sacro y terminan en la parte exterior de la cresta. Así como con la base del cráneo, puedes trabajar en una cresta de la cadera a la vez, o con ambas al mismo tiempo, utilizando las dos manos. Cuando trabajas en la columna vertebral, puedes chequear las caderas para ver si la zona esta congestionada antes de comenzar el tratamiento.

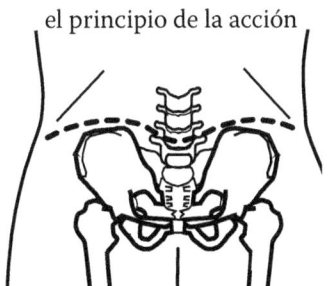
el principio de la acción

La Columna Vertebral en los Animales

Los animales también están sujetos a la relación negativa entre la aferencia y la eferencia.

Cuando trabajamos con animales, los mismos principios y prácticas son de aplicación. Trabajar en la cabeza y en la columna vertebral es más práctico que trabajar con las almohadillas, garras o pezuñas.

Los animales no tienen el mismo nivel de tensión mental que los humanos y suelen responder generalmente de manera mucha más rápida a un tratamiento. Los tratamientos pueden tener la misma duración. Trabaja de la misma forma que harías con una persona, sintonízate para saber dónde, cuanto tiempo y cuantas veces trabajar.

Después de recibir varios tratamientos, los animales suelen transmitirte, de una manera u otra, cuando están realmente listos para otro tratamiento. Igualmente suelen marcharse cuando sienten que el tratamiento ha terminado.

Igual que con una persona, es importante pedir permiso antes de trabajar con un animal. Los animales son habitualmente receptivos a la comunicación telepática. Para ello, sintoniza con el animal ofreciendo tu pregunta con el pensamiento y esperando tranquilamente una respuesta. No es necesario oír la respuesta; simplemente la sabrás. Puedes observar las señales físicas habituales y evidentes. ¿El animal se sienta, se acopla o se marcha?

Podría ocurrir que fueras atacado por algún animal. Te recomiendo que adquieras experiencia y confianza con ellos, antes de aplicarles Metamorfosis.

Trabajar con Plantas

Puedes trabajar con plantas incluso si no tienen columna vertebral o puntos reflejos. Simplemente, puedes sujetar el tallo con la intención inherente de practicar Metamorfosis durante el tiempo que te parezca apropiado. He llegado a ver una planta marchita ponerse recta instantáneamente.

PREGUNTAS FREQUENTES

He escrito el resto de esa sección con un formato de preguntas y respuestas basándome en aquellas que he ido oyendo a lo largo de los años. Escuché muy atentamente cada pregunta que se me hacía. Lo que oía era una dificultad para entrar en una nueva perspectiva muy diferente dado que la gente suele estar condicionada con creencias y esquemas de pensamiento. Por ese motivo, elegí tratar en este libro las preguntas formuladas para poder clarificar los principios.

Por favor, observa los principios que hay detrás en cada respuesta, en lugar de ver una simple respuesta a cada pregunta.

¿Por dónde empiezo a trabajar?

Tendrás que sintonizar con cada persona para saber si comenzar por los pies, las manos, la cabeza o la columna vertebral. Metamorfosis no es una técnica, por lo que no hay una manera establecida para iniciar el tratamiento.

Necesitarás también sintonizarte para saber en qué zona comenzar en el pie, en la mano, en la cabeza o en la columna vertebral.

Es útil darse cuenta de que estás trabajando tanto en una línea de tiempo desde la concepción hasta el nacimiento, como en el movimiento de la conciencia hasta la acción. A algunos les ayuda comenzar por arriba, en la concepción/conciencia, y seguir trabajando hacia abajo hasta el nacimiento/acción.

En un cierto sentido, también trabajamos con el pasado y el presente cuando nos ocupamos de los pies y las manos. El pie y la mano izquierda representan lo que nos acompañó en la llegada a esta vida. Y el pie y la mano derecha representan el presente. La lógica nos dice aquí que es útil trabajar primero con lo que está pasando en el presente. No obstante, suelo pedir a la persona que me de un pie o una mano y, sea el que sea, empiezo con el que me de.

Sintonizar y trabajar intuitivamente es siempre la clave de la práctica de Metamorfosis. Dejo a mis manos y, no a mi mente, decidir por dónde quieren empezar el tratamiento.

Should I work on the feet, hands, head and spine in every treatment?

Not necessarily. Tune-in to see what feels appropriate in each treatment. Anytime you work without tuning-in, you are operating from technique, which is not as effective. You need to feel what is going on with the person in order to know where to work and for how long.

¿Habría que trabajar en los pies, manos, cabeza y columna vertebral en cada tratamiento?

No necesariamente. Sintoniza para ver lo que te parece apropiado en cada caso. Cada vez que trabajas sin sintonizar, estás funcionando desde la técnica, y no es tan eficaz. Necesitas sentir lo que está pasando con la persona para saber dónde trabajar y durante cuanto tiempo.

¿Cuánto tiempo habría que quedarse en cada punto reflejo?

Existen diferentes perspectivas sobre ese tema. Algunos sugieren que no dediques a un punto reflejo más tiempo que a otro, ni que te quedas allí por un tiempo muy largo. La idea, es que se trata simplemente de introducir la temática para que la otra persona pueda responder sin tu ayuda. Quedarse en un punto reflejo más de lo necesario se consideraría socorrer a la persona.

Algunos suelen pasar más tiempo en aquellos puntos reflejos que lo necesitan. Con la práctica de este trabajo, he descubierto que en ocasiones puede tardar algo de tiempo hasta que la persona responde. También he observado en mí misma que hay puntos que parecen necesitar más atención cuando recibo un tratamiento. Por mi parte, suelo quedarme un buen rato en los puntos reflejos que parezcan necesitarlo. Me quedo hasta que la sensación que estoy experimentando se suaviza o hasta que siento que quiero mover mis dedos.

Robert veía las cosas en su esencia. A veces pienso, que veía nuestro potencial. Creo que con la práctica de Metamorfosis nos acostumbramos de forma natural a trabajar de manera más abstracta y, al mismo tiempo, a crear cambios sin tener que ayudar. Con el tiempo, esto se resolverá por si solo, a medida que liberamos colectivamente nuestro estrés profundo. Siéntelo y observa si te resuena.

Al principio, cuando comienzas a practicar, sugiero que te quedes en cada punto reflejo algo más de tiempo de lo que puedas pensar. De esa manera podrás desarrollar tus sensaciones a la hora de sintonizar y percibir cómo se sienten los bloqueos. Cuando comiences, puede que tengas que "callarte" dentro de ti mientras trabajas en un punto reflejo, y observar lo que sientes o percibes sin analizarlo. Cuando comiences a integrar este trabajo intuitivo, sintonizar se convertirá en algo natural y no necesitarás prestar concientemente tanta atención.

Al final, cada uno terminará por saber dónde iniciar y terminar un tratamiento y cuánto tiempo quedarse en los puntos reflejos. Es una cuestión de práctica y de encontrar tu propio camino en este asunto. Nadie te puede enseñar como sintonizarte, es una cuestión de paciencia y quizás necesites un poco de tiempo para reconocer esta habilidad dentro de ti.

Mi parte preferida en la enseñanza de Metamorfosis es observar a los estudiantes practicar entre ellos la primera vez y ver cuando se dan cuenta de que funciona, incluso, si no entienden lo que están haciendo. Es una cuestión de permitir y de no actuar.

¿Mis dedos tienen que moverse o presionar?

Hubo una época en la que Robert sugería que la presión y el movimiento constante ayudaban. En otro momento, hacía un movimiento ligero de rotación, que muchos han adoptado. Algunos usan un pequeño movimiento circular mientras que trabajan en los puntos reflejos de la columna vertebral.

A medida que respondes a lo que se te presenta en los puntos reflejos, irás observando que tu manera de tocar y la presión que utilizas, si es el caso, cambia durante el tratamiento.

En general, encuentro más fácil sintonizar si mis manos no están en movimiento constantemente. Dejo que mis dedos, y no mi mente, determinen si van a trabajar sobre o encima de la zona, o si van a moverse o aplicar una presión, dependiendo de lo que éstos sientan cuando trabajo. Se trata de responder a los puntos reflejos en lugar de intentar producir cambios. Para algunos esto les es natural y, para otros, puede que les haga falta un poco de más de tiempo y de confianza.

Recuerda que Metamorfosis, en realidad, no es un trabajo corporal; el foco no es el cuerpo. El acercamiento de aplicación de manos es una manera de introducir los principios y el concepto de Metamorfosis. La forma en la que tocas un punto reflejo no es tan relevante como tu intención.

¿Puedo cambiar de mano mientras estoy trabajando? ¿Es importante qué mano utilizo?

Si, puedes cambiar de manos, y no, no importa la mano que utilices.

¿Tengo que relajar a la persona antes de empezar el tratamiento?

No. La intención de Metamorfosis es tratar los patrones de estrés subyacentes y no de crear relajación. Recuerda que aceptamos a las personas tal y como están. No pasa nada porque haya tensión. Sin embargo, nos aseguramos de que la persona esté confortable porque no queremos añadir tensión o incomodidad. Suelo dar una almohada de apoyo debajo de las rodillas, si fuera necesario, y tengo a disposición cojines y mantas adicionales por comodidad de la persona.

¿Cuántas veces puede una persona recibir un tratamiento?

En general, no más de una vez a la semana porque es el tiempo que puede tomar el tratamiento hasta que éste se complete. Robert solía usar la metáfora de limpiar los armarios cuando hablaba sobre el tratamiento. Empiezas a sacar todo, valoras lo que quieres guardar o tirar y vuelves a colocar nuevamente, posiblemente, en un orden diferente. Si has comenzado a sacar algo y continúas sacando más, creas el caos. Es mejor terminar con lo que has empezado antes de comenzar otra vez.

Por otra parte, a veces se siente la necesidad de recibir un tratamiento más de una vez por semana. Confía en tu intuición y ten cuidado con cualquier tendencia a recibir tratamientos frecuentes. Solemos querer deshacernos de nuestras incomodidades y tendemos a centrarnos en los síntomas de nuestros patrones. Esto hace que trabajes contigo o recibas tratamientos con demasiada frecuencia. Esta situación pudiera resultar incómoda, dado que tiendes a crear caos, a frenar la habilidad de dejar partir un patrón y, además, genera más probabilidad de estar trabajando de manera sintomática.

Podrías trabajar con tus manos para ayudar a manejar tu vida y tus emociones. Dado que no se dirigen a tus patrones principales, trabaja con ellas tanto como quieras. Esto también puede ser útil entre tratamientos.

¿Necesito mantener la intención de Metamorfosis mientras estoy trabajando?

No, la intención es inherente a tu decisión de practicar Metamorfosis. Recibir y dar tratamientos, leer la literatura y considerar la filosofía te ayuda a integrar Metamorfosis. La información esta allí, incluso si no lo entiendes intelectualmente.

¿Cómo se siente un bloqueo?

Los bloqueos pueden sentirse en forma de calor, frío, picoteos, caos, agotamiento al tocar, o puede que sientas tu mano pegada a la zona. También, puedes experimentar una sensación física en tu propio cuerpo mientras trabajas con otra persona. Tu brazo puede sentirse cansado o tus dedos pueden sentir calor o frío en la zona donde trabajas.
Afortunadamente, cuando terminas, no tendrás que seguir experimentando estas sensaciones. Si no fuera así, trabaja contigo cuanto antes.

Algunos profesionales tienen una tendencia a identificarse con los patrones de la persona que recibe y pueden sentirse un poco agobiados mientras trabajan. Si te sientes perturbado durante la sesión, sería útil tomar una respiración o encontrar tu propia manera de volver a tu centro.

Es útil saber que algunos no sienten bloqueos físicos, aunque la mayoría suelen sentirlos de una manera u otra.

¿Cómo puedo protegerme de la energía de otra gente?

Es habitual en las artes de sanación usar luz blanca o anclar tu energía antes de empezar un tratamiento. Puedes recurrir a ello si te es útil, pero recuerda que si estás en un equilibrio razonable, no serás afectado por los patrones del otro.

Si la energía de otro te trastorna después de haber terminado el tratamiento, trabaja contigo mismo. En realidad, es una buena oportunidad para ti, puesto que probablemente uno de tus propios patrones haya sido estimulado o, de lo contrario, su energía no seguiría perturbándote después del tratamiento.

¿Qué hacer cuando alguien tiene emociones?
¿Es mejor estimularles para que las liberen?

En ocasiones, alguien pudiera experimentar emociones durante el tratamiento. No tendría que ser ni reprimido, ni tampoco estimulado. Simplemente, lo dejamos estar sin que se transforme el tratamiento en una sesión de asesoría.

En las artes de sanación, el profesional frecuentemente se involucra con el proceso e intenta estimular o ayudar en el proceso emocional del otro. En Metamorfosis solamente permitimos, en lugar de asistir o estimular. Piensa en lo que esto significa, para algunos puede requerir un cambio de perspectiva.

Puedes ser cariñoso y servir de apoyo, simplemente con tu presencia y confiando en la inteligencia innata del otro y sin necesidad de intervenir o interferir.

Si quieres, trabaja con sus manos, así le ayudarás a manejar lo que está viviendo. También te animaría a que les enseñaras cómo trabajar con sus propias manos para que ellos mismos puedan continuar en su casa entre las sesiones.

¿Puedo usar algún tipo de crema, aceite o polvo durante un tratamiento?

Puedes, pero pregúntate, cuál es el motivo. Hace muchos años, Robert utilizaba un polvo sanador con Metamorfosis. Al principio pensó que este producto estaba en alineación con el trabajo. Más tarde, se dio cuenta de que la fuerza de vida o la inteligencia innata no necesitan ayuda. Percibió que utilizar algo fuera del ser era contradictorio con los principios de Metamorfosis y dejó de fomentar el uso de productos externos de sanación.

¿Puedo trabajar en el aura de los pies, manos, cabeza o columna vertebral?

Sí, puedes. Lo llamamos "trabajar desde fuera", del pie, de la mano, de la cabeza o de la columna vertebral. En estos casos, actuamos en el patrón prenatal y en el tema de la creación, desde el campo energético de la zona.

Sintonízate para saber si tienes que trabajar sobre o alejado de la piel. Trabaja contigo mismo para experimentar qué diferencias se sienten trabajando estos dos acercamientos.

¿Puedo trabajar en otras zonas fuera de los puntos reflejos de la columna vertebral?

Puedes hacerlo, pero, ¿cuál es el motivo? Si estás incitado a trabajar en otra zona, hazlo. La naturaleza compulsiva de la eferencia suele provocar la expansión y la complicación de las cosas. Es la simplicidad de la Metamorfosis la que la hace tan profunda.

¿Puedo trabajar conmigo mismo?

¡Si! Uno de las mejores cosas de Metamorfosis es que puedes trabajar contigo mismo. Algunas personas sugieren trabajar solo consigo mismas. Yo prefiero trabajar conmigo y también tener a otro que lo haga. Robert solía decir que, si es posible, lo mejor es trabajar con alguien con quien tienes afinidad en lugar de tener a mucha gente trabajando contigo.

A menudo cuando tienes una afinidad con alguien, tienes los mismos patrones. Cada vez que trabajas con otra persona estás, de cierta forma, recibiendo un tratamiento al mismo tiempo. Esto hace que sea tan beneficio trabajar con miembros de la familia, dado que las familias comparten los mismos patrones.

¿Cuándo trabajo conmigo, tengo que hacer un tratamiento completo?

Un tratamiento completo es algo bastante arbitrario, dado que un tratamiento no es nada más que lo que es necesario en ese momento, y lo sabes, cuando te sintonizas. Tenemos tendencia a pensar en términos de horas, y eso es un sistema basado en tarifas.

¿Qué pasa si no puedo llegar a mis propios pies o columna vertebral?

A veces es difícil llegar a tu propio pie. Se puede usar un objeto, como la goma suave en la extremidad de un lápiz como extensión de tu mano. Para los que aprecian la naturaleza abstracta de la intención, puedes trabajar con tu mano como si fuera tu pie.

Es también bastante difícil para la mayoría de las personas, llegar a su propia columna vertebral en toda su longitud. Para ello, puedes usar un objeto que te ayude a alcanzar las zonas donde no puedes llegar. Yo utilizo algo que encontré en una tienda de alimentos biológicos llamado "Bonger", que es una pelota de goma en un mango de metal flexible y con un asa de madera cómoda.

Si eres amante de lo abstracto, trabaja en la parte frontal de tu cuerpo con la intención de hacerlo directamente en la columna vertebral. También puedes hacerlo con la mente, visualizando un tratamiento en los pies, manos, cabeza o columna vertebral.

¿Puedo trabajar con alguien a distancia?

Es preferible recibir un tratamiento en persona. No obstante, el trabajo a distancia es una opción posible.

Dado que trabajas con la intención, puedes hacerlo en tu propio pie como si fuera el pie de otra persona. Personalmente, lo encuentro un poco difícil, porque termino trabajando conmigo. Robert tenía un modelo en escayola hecho de su propio pie. En mi caso, encontré un cojín con forma de osito con un cuerpo largo, diseñado para ser un reposapiés. Yo lo utilizaba como modelo para trabajar con la cabeza y la columna vertebral. También, puedes trabajar con alguien mentalmente, visualizando el tratamiento.

En este caso, actúa de la misma forma como si la persona estuviera presente, sintonizándote con ella para saber dónde y cuanto tiempo trabajar.

Como siempre, es importante recibir permiso de una u otra manera. Es muy tentador "arreglar" o "ayudar" a tus amigos o familiares, realizando tratamientos de manera escondida, pero esto no es apropiado. Por una parte, estás decidiendo lo que es mejor para ellos. Si alguien no quiere cambiar, no lo hará. Si les das un tratamiento de forma oculta, podrían tener una reacción sin tener ninguna referencia de lo que está pasando.

El trabajo contigo mismo es siempre la mejor solución para problemas contigo o con la gente. Puedes encontrarte con el hecho de que es más fácil estar con esa persona aburrida, porque ya no tienes reacción hacia ella. Como resultado, puede incluso llegar a estar más receptiva a un tratamiento.

Es agradable saber que cuando trabajas contigo, indirectamente estás trabajando con los que comparten tu genealogía y tus patrones. A medida que cambiamos, también cambian las dinámicas negativas de aferencia y eferencia en el planeta. Los demás, incluso la familia, pueden cambiar como resultado de un trabajo personal.

¿Cuándo trabajo a distancia, puedo trabajar con varias personas a la vez?

Cuando trabajas a distancia, no olvides que te estás sintonizando con el individuo para saber dónde y durante cuánto tiempo trabajar. No es posible sintonizarse de manera eficaz con más de una persona a la vez.

¿Puede que interfiera en las lecciones de vida o en el karma de la persona?

La idea de que tenemos lecciones en la vida que aprender, o un karma que cumplir, son interpretaciones o explicaciones a las dificultades y los desafíos de la vida. La perspectiva de Metamorfosis es que fue la separación entre la aferencia y la eferencia la que generó los dilemas de la humanidad. Estamos sujetos a la relación negativa de la aferencia y de la eferencia en lugar de tener que aprender lecciones.

Pienso que es útil reconocer que la persona que recibe un tratamiento está haciendo cambios en su interior. No hay imposición al cambio; es el resultado natural de volver a un mejor equilibrio entre la aferencia y la eferencia. Con esto en mente, si estamos aquí para aprender lecciones, pienso que la Metamorfosis ayudaría a traer la conciencia necesaria. Las lecciones no siempre tienen que ser duras.

Encuentro interesante ver cómo nuestros sistemas de creencias moldean nuestra realidad. Tomate tiempo para observar tus propias creencias y cómo éstas determinan tu propósito, tu identidad y tu realidad. No parece posible poder estar sin una perspectiva sobre la realidad, pero es interesante experimentar puntos de vista diferentes y expandir nuestras posibilidades.

¿Qué hace que algunos tratamientos parezcan tan "poderosos" y otros no?

A veces, la persona encuentra que un tratamiento es realmente poderoso, o mejor dicho, lleno de "sensaciones". Mientras esto es apasionante, porque puedes sentir que algo está pasando, no necesariamente significa que ha sido más benéfico que un tratamiento que no fue "sensacional".

A veces la sensación se debe a que el profesional se aproxima al trabajo de manera superficial, como para tratar los síntomas. Es fácil caer en la tentación de querer aliviar a alguien de sus síntomas, pero no encontrará ningún cambio significativo o fundamental haciendo esto.

¿Qué tendría que esperar la persona después de un tratamiento?

Algunas personas se duermen durante y después del tratamiento. Otras se sienten enérgicas y menos cansadas o estresadas, mientras que otras no sienten absolutamente nada. A veces, cuando se están trabajando patrones, los síntomas pueden parecer inhabitualmente intensos durante unos días. Algunos se sienten emocionales o alterados. En general, es útil no tratar los síntomas durante este tiempo porque podría reprimir el tratamiento de Metamorfosis.

Suelo enseñar a las personas a cómo trabajar con sus propias manos y/o mostrarles los símbolos de manos. Si experimentan dificultades después de un tratamiento, tendrán algo para recurrir a ello.

Es útil hacer saber a las personas que pueden sentirse cansados o emotivos durante la semana. Me gusta dejar claro que estas cosas pueden pasar, para que no piensen que el tratamiento fue inefectivo o que creó una reacción inesperada inconsciente.

En ciertas ocasiones pareciera como si nada estuviera pasando durante el tratamiento. Robert solía decir, "cuando das en el clavo", el patrón simplemente se ha ido, sin ningún fenómeno. Solamente recuerdas el problema cuando tienes una ocasión para recordar cómo solía ser.

¿Por qué hay gente que experimenta fuertes reacciones?

No hay explicaciones definitivas para esto. Es posible que la gente trate sus patrones de la misma forma con la que se relaciona con la vida. Ciertas personas son muy sutiles y otras más dramáticas. También puede ser una señal de que reciben tratamientos con demasiada frecuencia o que el profesional está trabajando de manera sintomática.

¿Tienes algunos estudios de casos en Metamorfosis?

Robert estaba en contra de este tipo de estudios, simplemente porque se tenía que etiquetar a la gente para realizar los mismos. Cuando etiquetas a una persona, es difícil para ella salir de ese patrón dado que se han identificado con él. Además, esto lleva a trabajar de manera sintomática, porque el profesional busca resultados. Cuando trabajas sintomáticamente, los síntomas suelen desaparecer, sin embargo, es frecuente que regresen o que surjan otros nuevos.

Los testimonios son la manera de mostrar la diversidad de los beneficios de la práctica de Metamorfosis. Son observaciones que no son inducidas. No obstante, si pides a alguien que observe el progreso de una persona, comenzará a examinarla y a centrarse en sus patrones

¿Si no estoy seguro de que tengo un buen entendimiento del trabajo, puede afectar a mis tratamientos?

Si y no. Existe una tendencia en la vida a llevar la razón o a hacer lo correcto. Lo bonito de Metamorfosis es que no hay una manera de hacer las cosas "bien", por decirlo de alguna forma. La clave es entender la importancia de la intención y del patrón de la imagen.

Alguna gente suele caer en la trampa intelectual de pensar que tienen un buen entendimiento de Metamorfosis. Esto hace que suelan estar atrapados en una perspectiva y hacen de ésta una creencia. Como consecuencia, el trabajo puede convertirse en un dogma.

Otros, sin embargo, se retienen de practicar porque se preocupan por no tener un entendimiento correcto de Metamorfosis. Tu orientación y tus patrones influencian tu comprensión. Esto significa que nadie tiene "la justa" compresión, salvo que estén completamente liberados de sus patrones de estrés.

La eferencia tiene tendencia a añadir estructura innecesaria y a alejarse de la esencia. La aferencia tiene tendencia a atraparse en una perspectiva mental de Metamorfosis y a pensar sobre el concepto, viviéndolo más a nivel mental. Esto crea un acercamiento intelectual al trabajo. Afortunadamente, estas cosas suelen arreglarse por si solas, si la persona no está demasiada atada a su perspectiva o a su orientación.

Lo que encuentro fascinante con Metamorfosis es que te invita y te anima a encontrar las respuestas por ti mismo. Robert St. John nos ha dado una estructura maravillosa con la cual trabajar y una perspectiva interesante sobre la vida, la creación y la sanación. Te invito a confiar suficientemente en ti mismo para encontrar tus respuestas, siempre y cuando dejes que tus perspectivas puedan transformarse. Al mismo tiempo que tus patrones se mueven y cambian, también se transforma tu grado de aferencia y eferencia. Es natural que tu entendimiento vaya cambiando ligeramente. En este viaje, ganarás un mayor entendimiento de la influencia que tienen la aferencia y la eferencia sobre ti mismo.

¿La Metamorfosis es compatible con otras prácticas?

La Metamorfosis puede ser compatible con las prácticas que reconozcan que somos auto-sanadores. Esto a veces depende de la orientación del profesional. La persona eferente-orientada suele seguir una estructura y dirigir el tratamiento. La persona aferente-orientada trabaja de manera más intuitiva, dejando que la inteligencia innata se encargué del tratamiento. El eferente-orientado suele confiar en investigaciones y pruebas. El aferente-orientado confía en su propia intuición.

El patrón de la imagen crea mucha confusión para la gente. Por este motivo, quise elaborar más mi experiencia, a la hora de trabajar con este concepto.

El patrón de la imagen nos invita a ver que, a nivel colectivo, no hemos usado nuestra intuición interior. Pienso que es importante verlo con cierta perspectiva y no volverte rígido con ello. No hay nada malo por utilizar ayuda fuera de si mismo. Sin embargo, es importante tomar este aspecto en consideración y tomar decisiones con mayor consciencia.

Confiar solamente en el ser puede ser el extremo opuesto. Vivimos en un mundo de dualidad, donde toda vida está conectada y sin embargo somos individuales. Me gusta saber que estoy respaldada por una consciencia más elevada, de la misma forma que aprecio la ayuda de otras personas. Con los años, he encontrado maestros con gran sabiduría que me ha permitido enriquecer mi desarrollo personal. Igualmente, he encontrado otras modalidades de sanación que me han ayudado en mi camino. A veces utilizo productos complementarios para ayudarme.

El tema del patrón de la imagen me ha ayudado a mirar desde una perspectiva más amplia. He sido más consciente de mis elecciones. Lo que hago es observar. A veces tengo miedo de mis síntomas y necesito algo o a alguien para "arreglarme". En otros momentos, necesito ayuda con mi auto-sanación y, en ocasiones, siento que me puedo desenvolver sola para atravesar mis patrones. Estas experiencias no son ni buenas ni malas. He podido comprender mejor estos diferentes estados mentales y qué ocurre como resultado cuando me meto en ellos.

Robert tenía un ángel de la guardia del cual hablaba frecuentemente. A sus setenta años pasó por una crisis "sanadora" de la cual salió sintiéndose más joven y más sabio. Durante este proceso, su ángel de la guardia se volvió parte de él, ya no existía como algo externo. En el pasado, recurría a su ángel para ayudarle a atravesar situaciones difíciles en la vida. Ahora tenía más sabiduría y más responsabilidad.

Con Metamorfosis tratamos de tomar responsabilidad e instaurar una mayor sabiduría o consciencia. La experiencia de Robert ocurrió de forma natural con la práctica de la Metamorfosis. Este es el objetivo último del trabajo.

Estar consciente de los principios y del concepto de la Metamorfosis ayuda a avanzar hacia ellos. La práctica de la Metamorfosis estimula este proceso orgánico. Cuando intentamos "hacer" que las cosas sucedan, nos volvemos dogmáticos.

El objetivo con Metamorfosis es incrementar tu conciencia o presencia interna. La transición hacia más consciencia es un desafío. Puede provocar agobio o miedo a la hora de asumir ese nivel de responsabilidad. Pero al mismo tiempo es también apasionante darse cuenta de que tú tienes la habilidad de poder realizar transformaciones enormes dentro de ti, así como en tu vida.

Considero que todo esto es un viaje y, que cada etapa, me enseña algo nuevo. Pienso que es importante tratar el concepto y el patrón de la imagen para tomar decisiones sobre lo que estudias, practicas y recibes con mayor consciencia.

¿En qué es Metamorfosis una forma de vida?

Me parece útil compartir aquí cómo practico Metamorfosis como una forma de vida.

Para mí, los principios de Metamorfosis toman pleno sentido y ofrecen la mayor ayuda, cuando se usan en la vida cotidiana. Metamorfosis es mucho más que una modalidad.

Cuando aprendí Metamorfosis me parecía como un cuerpo gigante lleno de conceptos. Creo que fue necesario anclar los principios en mi vida cotidiana para que me sirviera mejor. Cuando miraba Metamorfosis de esta manera, me ayudaba a enseñar el trabajo pues era más fácil entenderlo y acercarme a ello.

Vi que observar estos principios en la vida diaria permitía que la esencia del trabajo se me revelara continuamente. Cuando utilizas los principios en la vida cotidiana, se vuelven parte de quien eres. Esta es la forma de encarnar la esencia del trabajo y de llevar el concepto a tus tratamientos.

Robert solía decir que "no puedes llevar a la persona más allá de donde tú hayas llegado". Aunque no dirijamos el tratamiento, llevamos el concepto con nosotros. Cuanto más "conocemos" el concepto, mejor lo podemos impartir durante el tratamiento. Cuando estos principios se vuelven parte de ti, también puedes explicar este trabajo a los demás.

Observa como estos principios se aplican de manera natural en la vida diaria: el objetivo, la identificación, los bloqueos y patrones, el sintonizar, la intención, la aferencia y la eferencia, el patrón de la imagen, el uso de la estructura, la práctica de Metamorfosis y el tema de la creación.

Presto atención a las motivaciones que se muestran dentro de mí así como en los demás. Me ayudan a determinar cómo me siento con la gente.

Si sé que alguien está centrado en si mismo, no me quedo con esa persona. Si veo que tienen patrones difíciles pero que la motivación es buena, hago la vista gorda a dichos patrones. Y si me molestan, trabajo conmigo mismo.

He podido determinar cuando la gente se sobre o se sub-identifican con la vida, con sus patrones, con una enfermedad, etc. He descubierto que no ayuda etiquetar a las personas o a las condiciones porque crean limitaciones.

Sintonizar con los patrones que me rodean de manera cotidiana, me ha permitido aumentar de manera substancial mi intuición y mi conciencia. Me di cuenta que sintonizarme con los patrones que ocurren en mi vida diaria me posibilita tener una imagen más amplia de lo que pasa. Esto me faculta para moverme más allá de mis limitaciones en lugar de quedarme en mis reacciones.

Cuando me sintonizo con la dinámica de los patrones, no me dejo hundir en el drama de la vida. Suelo tomar las cosas de manera menos personal, mirando cada problema como una oportunidad de ver mis propios patrones. He descubierto que cuando puedo verlos, suelen transformarse o desaparecer. (Esto es mi experiencia personal y no tiene que ser la manera de hacer las cosas. No me focalizo en mis patrones, solo los veo).

Al reconocer la naturaleza compulsiva de los patrones dentro de mí, me ayudo a sentir más compasión hacia los patrones de los demás. La naturaleza inconsciente y compulsiva de dichos patrones genera mucho drama y caos en la vida. Es útil durante estos momentos recordar que la gente no siempre se da cuenta de lo que hacen y/o de que no siempre pueden con ello.

El tema de la aferencia y de la eferencia sirvió considerablemente en mi relación de pareja. Entender la idea de que los patrones suelen ser inconscientes y compulsivos, tanto como el patrón de la relación, nos ayudó a mí y a mi marido durante nuestros momentos difíciles. A menudo bromeamos con que no estaríamos casados si no fuera por la Metamorfosis.

Me siento más comprensiva con la gente en mi vida porque reconozco la dinámica entre la aferencia y la eferencia. He tenido una infancia bastante difícil. Soy capaz de completar con mi pasado porque puedo verlo en un contexto más amplio. Es más fácil perdonar y seguir tu camino si puedes reconocer la dinámica aferencia-eferencia y entender que la mayoría de los patrones son inconscientes.

También he visto que sintonizar con los patrones colectivos me ayuda a ver porqué creamos atrocidades en la vida. Mirando los tiempos de guerra y de sufrimiento a lo largo de la historia, se muestra que realmente no nos hemos movido de nuestros patrones colectivos y que el trabajo como el de Metamorfosis es desesperadamente necesario. Sintonizar con lo que provoca guerra y tiempos de sufrimiento, como el conflicto del Oriente Medio, la Inquisición española o el holocausto, ayudan a ver el extremo de lo negativo en la relación entre la aferencia y la eferencia.

El tema del patrón de la imagen me ayudo a ver con más profundidad la naturaleza de la espiritualidad y de la sanación.

Cuando supe que la amplitud de la intención determina la amplitud de los resultados, cambio mi percepción en relación a las artes de sanación. Puedo ver en ellas, las limitaciones y la utilización de la estructura. Esto me ayudó a discernir más con que quería trabajar.

Pienso que la espiritualidad es lo que somos en nuestra vida cotidiana. En mi opinión, tomar responsabilidades por nuestros propios patrones y ayudar a que otros puedan salir de los patrones negativos, es la práctica última de la espiritualidad. Cuando tomamos responsabilidad a nivel individual y salimos de nuestros patrones, crearemos a nivel colectivo una vida más pacífica y amorosa.

Saber que con la práctica de Metamorfosis estoy ayudando a "salvar" el planeta, a crear más conciencia en relación a los animales y al medio ambiente, y a inspirar amor incondicional, da mayor sentido al propósito de mi vida. Esto es lo que me inspira a practicar y enseñar Metamorfosis.

La práctica del trabajo me permite poner los principios en marcha. Utilizo el símbolo de manos de la creación para ayudarme a atravesar desafíos en la vida. Asimismo, uso los símbolos de manos y la práctica de aplicación de manos cuando lo necesito durante el día. Mi marido y yo recurrimos a Metamorfosis, como primer recurso para enfrentarnos a conflictos o problemas, sanar heridas, crear salud, reforzar nuestra intuición y manifestar lo que queremos en la vida.

Pienso que hay algo en común entre confiar en la inteligencia innata durante un tratamiento y cada instante de mi vida cotidiana. Soy capaz de crear la vida que deseo cuando sintonizo y confío en mí Ser superior o mi guía interior. Cuando intento crear mi vida a partir de lo que pienso que tendría que hacer, las cosas no suelen ir tan bien. Se trata de permitir, en lugar de hacer. Esto es la creación, es decir, cuando somos capaces de ¡crear la vida sin esfuerzo! En definitiva, esta es la última finalidad de los principios y de la práctica de Metamorfosis.

Los principios y la práctica de Metamorfosis son constantes en mi vida. Encuentro que Metamorfosis hace mi vida más simple. Me provee inmensamente, sin estructura ni esfuerzo. ¡Me sigue impresionando el potencial ilimitado de todo lo que podemos realizar cuando integramos los principios y la práctica de Metamorfosis como una forma de vida!

¿Por qué existen diferentes perspectivas en la enseñanza y la práctica de Metamorfosis?

Hay varios motivos que lo explican. Robert pasó su vida escribiendo, trabajando y refinando el tema de Metamorfosis. Para él sus escritos eran medios para ver la progresión de los pensamientos, más que una recopilación de datos. Su foco estuvo puesto en desarrollar el trabajo y no volvió atrás para editar sus libros. Esto significaba que se tenía que estar frecuentemente en contacto con él, para conocer sus últimas inspiraciones.

Robert describió el patrón prenatal en su libro "Metamorphosis, a Text Book on Prenatal Therapy" (Metamorfosis un Libro de Texto sobre la Terapia Prenatal) y habló de la aferencia y de la eferencia en sus "Introductory Articles" (Artículos Introductorios). Encontrarás personas trabajando con Metamorfosis desde varias perspectivas, dependiendo de cuando se formaron en este trabajo, con quién estudiaron y qué libros hayan leído. Además, su orientación aferente o eferente también influencia la manera de acercarse al mismo.

El primer trabajo de Robert, la Terapia Prenatal, se convirtió en Metamorfosis cuando empezó a incluir en su perspectiva la aferencia y la eferencia y el patrón de la imagen.

Dado que Metamorfosis es una filosofía y no una técnica, permite que la gente lo enseñe desde su propia comprensión. Esto posibilita integrar el tema, practicando y enseñando desde un entendimiento interior. Por otra parte, existe mayor variedad en las formas de enseñar este trabajo lo que, en ocasiones, provoca confusión en los alumnos que estudian con distintas personas.

~~~~~~~~~~

Para mí fue útil implicarme con la esencia y no dejarme llevar demasiado por los datos del trabajo. Recuerda, los datos son solamente una impronta que te permite entrar en el tema de Metamorfosis. Es importante ser consciente de los principios y del tema pero no es necesario intelectualizarlos.

La auto-sanación es nuestra naturaleza innata y somos capaces de crear una relación con la vida más sana y más positiva. Lo único que necesitas hacer es recordarlo y quitarte del medio. Disfrútalo. Permite que la comprensión te llegue en lugar de intentar entender intelectualmente Metamorfosis, la vida o el proceso de sanación.

Cuanto "menos" piensas en como trabajar, mejor. El aplicar las manos está sujeto a tu intención y a tu motivación, mucho más que a la técnica. Si conoces dónde están los puntos reflejos de la columna vertebral, y tienes una idea de los principios, estás listo para empezar. El trabajo es realmente simple si buscas su esencia, ¡disfrútalo!

EL LUGAR DEL TRATAMIENTO

La consideración más importante cuando eliges el lugar para dar un tratamiento es la comodidad de las dos personas. La Metamorfosis es un acercamiento práctico de sanación. Tener un entorno especial dedicado a ello, aunque sea muy bonito, a menudo es poco práctico en la vida cotidiana y, realmente, no es necesario.

Un sofá es un sitio confortable donde se puede trabajar con los pies y las manos. La persona que da se sienta mirando de frente y la persona que recibe se sienta o se tumba confortablemente con sus pies o manos en tus rodillas.

Quizás, quieras poner un pequeño cojín o toalla en tus rodillas, y un cojín debajo de las rodillas estiradas del que recibe para que pueda apoyarlas.

Puedes trabajar también con sillas. Coloca las sillas en un ángulo recto una con la otra, en forma de L. Cuando trabajas con los pies, coloca tu rodilla debajo de la rodilla estirada del que recibe para que se sienta apoyada en lugar de agarrotada.

Robert solía decir que prefería trabajar en un sofá o en sillas. Sentarse a una altura relativamente idéntica crea una sensación de igualdad. Cuando alguien se tumba en una mesa de masaje, se sitúan de forma automática en una sensación de estar "tratado o curado" por el otro. Esta posición es desigual y tiene esta connotación de que el profesional es un sanador o una autoridad.

Aunque estoy de acuerdo con Robert, utilizo una mesa de masaje cuando trabajo con la columna vertebral. El hecho de tener el hueco para la cabeza es muy útil cuando se trabaja con la columna vertebral y con la cabeza porque la persona no tiene que estirar su nuca girándola hacia un lado. También me posibilita sentarme y estar cómoda.

Sin embargo, no recomiendo comprar una mesa de masaje solamente para practicar Metamorfosis. Es práctico para trabajar con la columna vertebral y la cabeza, pero no es necesario. Si trabajas con amigos y familiares, sé creativo y utiliza una cama o un futón. Incluso, he visto en catálogos cojines especiales para apoyar el cuerpo, en donde podrás encontrar algo que te convenga.

Es posible trabajar con la cabeza de una persona sentada en una silla. Esto funciona mejor si el practicante se pone de pie detrás de la persona que recibe. Es útil apoyar la cabeza poniendo una mano en su frente y permitiendo de esta forma que el peso de la cabeza caiga en tu mano. También se puede trabajar en la columna vertebral si el que recibe se sienta al revés en la silla, de frente al respaldo, y con su columna vertebral frente a ti. Utiliza cojines en el frente para que sea cómodo apoyarse en el respaldo de la silla. Mi marido y yo solemos trabajar con la cabeza del otro y su columna vertebral mientras estamos en la cama.

ALGUNAS PAUTAS A LA HORA DE TRABAJAR CON OTROS

Si decides que te gustaría practicar Metamorfosis de manera profesional, recuerda que necesitas trabajar en concordancia con las leyes laborales en la zona donde vives. Algunos sitios requieren una licencia para poder ejercer, cómo una certificación en masajes o una licencia administrativa.

Seguidamente, he anotado algunas situaciones que quizás desearas considerar. Algunas, como el embarazo, tienen beneficios adicionales, mientras que otras pueden requerir atención adicional por tu parte. No es para disuadirte de trabajar. Si alguien pregunta o quiere recibir un tratamiento, confía en que la persona sabe lo que es mejor para ella. Lo que intento transmitir es que necesitas estar cómodo como profesional para poder seguir los tratamientos una vez iniciados.

Embarazo/Mujeres Embarazadas

Trabajar con mujeres embarazadas es de gran ayuda tanto para la madre como para el bebé. Al ser atendidos los patrones subyacentes de la madre, la ayudarán para ser una madre más equilibrada y más relajada. Al mismo tiempo, los patrones del bebé también serán atendidos, lo que le permitirá entrar en cada etapa de su desarrollo con más soltura y menos tensión o resistencia. Los bebés que reciben tratamiento mientras están en la barriga nacen con menos tensión y permite que sus vidas sean más fáciles desde el principio.

Los tratamientos de Metamorfosis durante el embarazo suelen también repercutir en un parto más fácil y más corto. En parte, se debe a quelas tensiones en la zona pélvica de la madre han sido atendidas pero, principalmente, a que el bebé, después de recibir los tratamientos, está más capacitado y dispuesto, o menos resistente, a avanzar en la vida.

Es importante tener cuidado a la hora de trabajar en la zona del tobillo (el principio del acción) durante el embarazo, para no sobre estimular esta zona e inducir contracciones o el propio parto antes de tiempo.

Para trabajar en la columna vertebral de una mujer embarazada, ésta tendrá que acostarse de lado con cojines entre sus piernas y sus rodillas como respaldo. Pregúntale si necesita apoyo adicional de almohadas, mantas o toallas enrolladas para estar más cómoda.

Los Ancianos

Los ancianos suelen preparase para fallecer. Recuerda que no eres la persona que determina lo que sucede; es la persona que recibe el tratamiento quién lo hace. Si la persona elige partir, lo hará muy posiblemente con menor estrés o tensión. Los tratamientos Metamórficos pueden ayudar a esta transición.

Los Niños

Los niños no suelen tener el grado de tensión mental que tienen la mayoría de los adultos. En consecuencia, los tratamientos no siempre duran tanto tiempo como en un adulto. Los niños suelen saber cuando el tratamiento está terminado y a menudo se levantan y se van. Es muy probable que en otro momento te encuentres con sus pies sobre tus rodillas, ya que ellos saben cuando necesitan otro tratamiento.

Cuantos más miembros de la familia o tutores estén abiertos a recibir tratamiento mejor, especialmente, si el entorno de la casa es abusivo o desequilibrado. Debido a la dinámica familiar, es frecuente que uno o más miembros de la familia se molesten con la persona que está cambiando. Algunos padres solo quieren que tu "arregles el problema", que es la forma en la que suelen ver al niño, como un problema. Los padres pueden que no estén abiertos a considerar que ellos forman parte de la situación.

Los niños no tienen la libertad de cambiar a un entorno más sano aunque se transformen sus patrones. El entrever una vida mejor y no tener la posibilidad de acceder a ella puede ser desalentador. Sin embargo, pueden mejorar su capacidad para manejarse en su entorno. ¿Cómo se siente el niño en relación a recibir tratamientos? Si fuera posible, puedes enseñar al niño a trabajar consigo mismo, para que tenga una herramienta de autoayuda.

Personas en lugares confinados

Las personas en lugares confinados tienen una situación similar a la de los niños, dado que no son siempre libres de moverse a un entorno más sano. Un hospital psiquiátrico es un buen ejemplo. Después de recibir tratamientos, comienzan por si mismos a saber cómo salir de sus dilemas internos, aunque siguen sujetos a medicación forzada y confinados. Puede que tengan una idea para funcionar mejor pero no pueden conseguirlo.

Sin embargo, la persona puede sentir que es más fácil vivir en su entorno y, quizás, encontrar una salida a su situación.

Algunas personas están internadas temporalmente, como en la cárcel cumpliendo una sentencia. Al salir, puede ser más fácil para ellos re-integrarse en la sociedad después de recibir tratamientos.

Animales

Los animales suelen estar muy receptivos a Metamorfosis y parecen saber lo que les estás presentando. Tengo una historia bonita de un gato y un perrito que me encontré un día mientras estaba en el porche de una casa. Como me encantan los gatos, empecé a trabajar con él. El perro empezó a saltar de arriba abajo cerca de mis pies. Telepáticamente le oí decir "trabaja conmigo". Al mismo tiempo, oí al gato diciendo "trabaja con el perro". Le comenté a la mujer con quien vivían lo que había oído y ella respondió, "Ya, el perro tiene cáncer y el gato le quiere mucho". Era evidente, viendo sus reacciones, que entendían el acto de extender mi mano ofreciéndoles Metamorfosis.

Sin embargo, no todo los animales tienen la libertad de hacer lo que quieren. La conciencia que se expresa hacia los animales es a menudo inhumana. Los animales pueden vivir situaciones similares a los niños y a las personas en lugares confinados. Es importante considerar el tipo de situación en la que vive el animal. Algunos están encerrados en jaulas. Otros, son propiedad de personas que los utilizan para tareas o que les adiestran para un propósito concreto. Estos animales se rinden simplemente a la voluntad de sus propietarios o educadores, frecuentemente desde el miedo.

Metamorfosis desacondiciona la mente, es decir, que cuando la mente vuelve a su independencia, pueden perder o rechazar la educación que han podido recibir. Encontrar esta libertad de pensamiento y luego tener que volver a ser adiestrados de nuevo, puede ser cruel.

En algunos casos, puedes sugerir trabajar también con el "propietario", dado que los patrones negativos de aferencia y de eferencia interactúan entre cualquier tipo de ser vivo.

Autismo

Como en cada situación, mira la naturaleza del patrón, en lugar de etiquetar a la persona con esta condición. Autismo es un patrón aferente extremo, compulsivo y crónico de alejarse de la vida. Los que están considerados autistas, a pesar de ser muy inteligentes, están sobrepasados por la eferencia de la vida, incluyendo el tacto, el ruido e incluso el contacto visual directo.

Es importante ser muy respetuoso con su aferencia. Sintonízate con tu propia aferencia, aproximándote suavemente con un contacto visual indirecto. Asegúrate que están cómodos contigo antes de proponerles trabajar en sus pies o acercarte a ellos. Respeta cualquier decisión de rechazo al tratamiento y, si es posible, prueba otra vez más tarde.

Evidentemente, como con cualquier otro, necesitas obtener el permiso de la persona. Este permiso puede darse oralmente, de manera psíquica, si no puede hablar, o físicamente. Por ejemplo, ¿están de acuerdo en darte su pie o, por el contrario, te lo apartan? En estos casos, no recomiendo trabajar en la columna vertebral porque sería demasiado directo para ellos.

El Síndrome de Down

Una vez más, mira la naturaleza de este patrón. Los que están considerados con síndrome de Down se reconocen fácilmente por sus características faciales, que suelen estar estimuladas hacia fuera. Es un patrón de eferencia extrema.

Mientras trabajaba con bebés con síndrome de Down, Robert descubrió que era posible realmente salir de ese patrón. Constató incluso que, las características faciales cambiaban, después de recibir tratamientos de Metamorfosis en la infancia.

Robert observó que la mejor oportunidad para poder cambiar este patrón ocurre en los cincos primeros años de la vida. Esto no significa que los tratamientos no sean beneficiosos más tarde, pero los cambios no son tan espectaculares.

La gente pregunta a menudo si hay una manera especial de trabajar con personas con síndrome de Down. Es importante hacer las cosas con mucho tacto y cariño, pero tal y como lo es en cada caso, sintonízate y trabaja tanto como te parezca apropiado. Recuerda verificar la zona alrededor de los tobillos. Si sientes un gran actividad o un fuerte cansancio, puedes comenzar a trabajar con los tobillos y/o trabajar durante menos tiempo.

LOS SIMBOLOS DE MANOS

Los símbolos de manos son una forma más abstracta de trabajar con los mismos principios y temas que con la manera tradicional de aplicación de manos.

En relación al nivel de estructura, los símbolos de manos son más abstractos y, en consecuencia, consisten en un acercamiento más aferente del tema de Metamorfosis, mientras que la práctica con aplicación de manos es más directa y, en consecuencia, es un acercamiento más eferente. Dentro del acercamiento con aplicación de manos, trabajar con la columna vertebral es más directo que trabajar con los pies.

De los seis símbolos de manos, cuatro consideran aspectos de la pre-concepción, los patrones kármicos antes de la encarnación. Recuerda que usamos la palabra kármica para decir "del pasado" y del reino de los pensamientos. Es diferente de la perspectiva hindú del karma.

Uno de los símbolos de manos se refiere a la concepción, momento en el que todas las influencias kármicas y genéticas se juntan en una forma física y se valora el equilibrio entre aferencia y eferencia.

Mientras realizas los símbolos de manos, puedes poner éstas en tus rodillas, o si estás tumbado, en tu pecho o tu vientre. Aquello que te resulte más cómodo.

Por favor, anota que los símbolos de manos están hechos principalmente para trabajar contigo mismo. Puedes enseñar a un cliente como utilizarlos en casa, entre tratamientos, pero no están hechos para usarlos durante el tratamiento.

Pineal

Los dedos se cruzan formando un ángulo recto entre ambas manos. No importa que mano se pone arriba o cómo estén colocados los pulgares.

La glándula pineal es el primer punto que registra los aspectos no-materiales del ser en el que nos convertiremos.

Pituitaria

Las puntas de los dedos y de los pulgares se tocan.

Este es el símbolo para la glándula pituitaria, donde los patrones genéticos de las generaciones pasadas se introducen y se interpretan.

Manos ahuecadas

Una mano se posiciona ahuecada encima de la otra.
No importa cual de las manos se pone arriba o abajo.

Este símbolo representa nuestros patrones personales o kármicos directos.

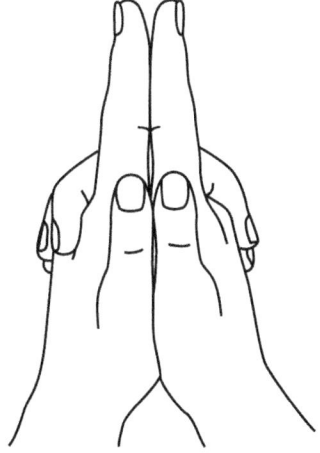

En forma de aguja

Todos los dedos se juntan y se cruzan, salvo los índices
e se mantienen extendidos hacia arriba tocándose. Los
bordes exteriores de los pulgares también se tocan.

Este símbolo representa nuestros patrones kármicos indirectos.

Concepción

El índice de una mano está tocando el punto de la concepción en la otra mano. Los puntos de concepción son las articulaciones en los pulgares, en el borde interior de la mano.

Este símbolo representa el momento de la concepción, el instante en el que todas las influencias kármicas y genéticas se juntan en una forma física y forman la primera célula. El símbolo de manos de la concepción puede parecer un poco difícil a primera vista, pero es simplemente tocar los puntos de concepción de cada pulgar con el dedo de la mano opuesta.

Puedes poner tu índice derecho en el punto de la concepción de tu mano izquierda. Ahora mueve tu índice izquierdo hasta que puedas tocar el punto de la concepción de la mano derecha. Puedes relajar las manos mientras guardas los dedos en los puntos de concepción de cada pulgar.

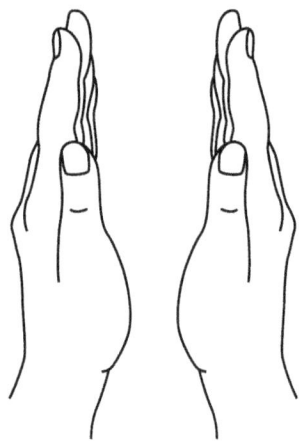

El símbolo de mano de creación
Abiertas y planas, las manos se miran paralelamente sin tocarse.

Este símbolo representa el principio de unidad, permitiéndote encontrar un equilibrio momentáneo entre aferencia y eferencia. Este símbolo es de gran ayuda cuando te sientes alterado por cualquier circunstancia.

Puedes sentarte confortablemente con las manos en tus rodillas, o si te tumbas, en tu pecho. La distancia entra las dos manos no es relevante. Colca tus manos de manera cómoda

PREGUNTAS FRECUENTES

¿Cómo voy a saber qué símbolos de manos utilizar?

Familiarízate en cómo hacer los símbolos de manos en lugar de recordar lo que significan. De esa manera, usarás aquellos con los que te sientas atraído en cada momento, en lugar de pensar cuales deberías usar.

Para familiarizarte con los símbolos, toma algún tiempo para practicar con cada uno, prestando atención a cómo te hacen sentir. Podrás hacerte una idea con los que te apetece trabajar, aunque suele cambiar con el tiempo.

¿Cuánto tiempo tengo que mantener los símbolos de manos?

No hay no límite de tiempo para usar un símbolo de manos. Mantenlos tanto tiempo como te parezca apropiado, desde unos segundos hasta unas horas.

¿Cuántas veces puedo utilizarlos?

Tantas veces como quieras. Simplemente ten presente cualquier tendencia compulsiva a trabajar contigo demasiado a menudo.

¿Cuántos tendría que usar?

No hay una fórmula para utilizarlos, sean pocos o muchos, utilízalos tanto como te apetezca.

¿Puedo usar solamente los símbolos de manos en lugar del acercamiento con aplicación de manos?

Si, si así lo sientes. Robert, más tarde en su vida, usaba principalmente los símbolos de manos. Usando el símbolo de mano de creación, a veces durantes horas de un tirón, pudo transformar su problema de artritis. Lo llamaba su "Gran Morph." Es la crisis de salud que comenté anteriormente, durante la cual el ángel de guardia de Robert se transformó en parte de él.

¿Que pasa si no puedo hacerlo correctamente?

Haz lo mejor que puedes, mientras estás cómodo. Como siempre, es la intención inherente a Metamorfosis lo más importante. Cómo realizas el símbolo de manos, es de grado segundario.

¿Puedo utilizar los símbolos de manos para practicar Metamorfosis a distancia?

Si, puedes usarlos cuando trabajas con gente o con animales a distancia, evidentemente, con su permiso previo. Simplemente usarás el símbolo de manos con la intención de que sea para una persona determinada.

¿Puedo usar los símbolos de manos para ayudar en una situación?

Si, pero considera siempre, cuál es el motivo. La gente usa a menudo los símbolos de manos para tratar una situación concreta. Es mejor trabajar en el aspecto de ti mismo que está involucrada en una situación negativa que dirigirlo a otras personas.

La situación suele resolverse por si sola, una vez que has salido o, transformado, el aspecto de tu patrón que atrajo esta situación hacia ti.

¿Puedo usar los símbolos de manos y meditar al mismo tiempo?

Los símbolos de manos no se han creado para usarlos mientras meditas. La gente suele meditar para llegar a un estado mental particular. Los símbolos de manos son una manera más abstracta de considerar nuestros patrones subyacentes.

No hay beneficios en estructurar el uso de los símbolos de manos, como sería aplicarlos durante una meditación. Los utilizarías como una técnica, y alteraría el motivo para el cual se utilizan.

Trabajar con símbolos de manos es un acercamiento más abstracto y sin embargo los principios de Metamorfosis se quedan intactos.

~~~~~~~

¡ESPERO QUE DISFRUTES DE TU VIAJE!

Apéndice

"El Humano Funcional"
de Robert St. John (c)

Robert escribió un artículo titulado "Triangle" (Triángulo) que luego renombró como "The Funcional Human" (El humano funcional). Este apéndice da una línea de cambios en el tiempo entre aferencia y eferencia. El artículo puede encontrarse en su totalidad en su libro "Introductory Articles" (Artículos Introductorios).

Durante millones de años, este planeta ha padecido un patrón de estrés todavía presente en la forma de tensión potencial entre los dos elementos principales en la vida –la aferencia y la eferencia. En toda la historia de la humanidad, han existido profecías sobre "el fin del mundo", el Armagedón y numerosos tipos de alertas sobre el fin, si continuamos con nuestra manera actual de vivir.

En mi observación de los patrones de polaridad en los humanos, fui capaz de observar un cambio fundamental que ocurrió en Febrero de 1962. Fue un cambio que indicó una relación diferente entre la aferencia y la eferencia y nueva perspectiva de futuro.

Un nuevo cambio ocurrió en 1988, y otro más en 1991. Un último cambio ocurrió más recientemente en 1993 . En cada uno de estos cambios había una indicación clara para la gente de que "algo está pasando".

En el primero de los tres cambios, la indicación fue sobre cómo el ser humano toma la responsabilidad de su vida; fue un cambio desde la necesidad de referirse a una fuente fuera de uno mismo, a conectar con el propio ser.

La segunda indicación mostró un cambio en el contenido energético de la aferencia. Empezó con una alteración en la capacidad de la aferencia de "activar" la eferencia. Lo que desconcertó a la eferencia.

El tercer cambio fue que tanto la aferencia como la eferencia estaban totalmente activados, creando un efecto todavía más alterado en el comportamiento de los seres humanos.

El último cambio es posiblemente el más sorprendente: la aferencia y la eferencia han cambiado de sitio - han vuelto a sus posiciones originales en el tiempo antes de la creación de este planeta. Sin embargo, sigue existiendo la dualidad.

Certificación de Metamorfosis

Robert St. John decidió no crear certificaciones para la práctica y la enseñanza de Metamorfosis. La Metamorfosis trata de romper la estructura de jerarquía, recordando a la gente que todos podemos crear cambios desde dentro y movernos por nosotros mismos. La estructura de la certificación genera un nivel de autoridad, y requiere que busques a una entidad gobernante, lo que nos aleja de la intención primaria de su filosofía.

Con Metamorfosis se trata de tomar responsabilidad de nuestros patrones y crear cambios desde dentro. La responsabilidad también es la de respetar la naturaleza de lo que es Metamorfosis, creando un cambio fundamental en la relación entre la aferencia y la eferencia, y saliendo del patrón de la imagen.

Si decides que te gustan los aspectos de Metamorfosis pero que quieres mezclarlo con otras cosas o suprimir algunos aspectos de su filosofía, esto ya no será Metamorfosis, porque habrás cambiado su intención principal. En estos casos, puedes decir que tu trabajo utiliza aspectos de Metamorfosis. Así no engañas a las personas ni destruyes el trabajo de otros.

Las personas suelen reconocer la importancia de este trabajo y quieren enseñarlo. Recuerda que es necesario integrar los principios para que tu enseñanza surja desde dentro. Integrar Metamorfosis en nuestra conciencia, toma su tiempo. Es importante entender el patrón de la imagen, para que, sin darte cuenta, no conduzcas Metamorfosis al patrón de la imagen destruyendo su propósito.

La responsabilidad es tuya dado que no hay ninguna entidad gobernado Metamorfosis, así como en la era de Acuario, donde la gente comienza a tomar responsabilidad y a, realmente, pensar por si misma

Acerca del Autor

Cindy Silverlock con Robert St. John, 1996

La pasión de Cindy es de ofrecer apoyo ayudando a otros a conectar con la magia de la intención. ¡Enseñar Metamorfosis es uno de sus grandes placeres! Ha impartido clases de Metamorfosis desde 1991. Su carrera incluye una licencia en psicología, formación en hipnoterapia, masaje, Reiki y otras modalidades alternativas.

Cindy estudió Metamorfosis con Robert St. John en Perth, Australia en 1989. Ha organizado una conferencia para St. John en California y varias otras charlas con ponentes internacionales. También creó la revista "US Metamorphosis Journal" en 1995 para que St. John pudiera informarnos de sus nuevos descubrimientos. La revista salió publicada hasta 2001, cuando Cindy decidió utilizar su energía para escribir este libro.

Cindy está disponible para enseñar y dar conferencias. Puedes contactarla, si deseas organizar conferencias o clases en tu país o ciudad.

Resources

www.MetamorphosisCenter.com

Libros & DVD
Clases de fin de semana y programa de aprendizaje a distancia

Para más información, por favor, contacta:

The Metamorfosis Center
Correo electrónico: cdsilver11@gmail.com
Teléfono móvil: 707-537-5911

Cindy and Dean Silverlock

www.ingramcontent.com/pod-product-compliance
Lightning Source LLC
Chambersburg PA
CBHW081235170426
43198CB00017B/2764